우리 말글살이와 영어 표기

우리
말글살이와
영어 표기

한학성

채륜

나의 1970년대에게

머리말

　우리 사회에는 영어가 넘쳐난다. 거리에 나서면 영어 간판이 즐비하다. 영어가 마치 우리의 공식 문자라도 되는 양 여겨질 정도이다. 그런데 거리의 수많은 영어 간판 중 상당수가 현행 옥외광고물 등에 관한 법률 시행령을 위배하고 있다. 그럼에도 불구하고 그 사실을 아는 사람은 많지 않다. 또 그런 영어 간판들에 대한 제재도 전혀 이루어지지 않고 있다. 오히려 위법한 영어 간판들을 제재해야 할 책무가 있는 정부와 공공기관이 앞장서서 영어 오남용을 부추기기도 한다. 정부와 공공기관의 이런 행태는 엄연히 존재하는 국어기본법에 정면으로 배치되는 것이다.

　우리 사회의 고질적 문제인 영어 선호, 그리고 영어 남용과 오용은 분명 잘못된 것이다. 그러나 그렇다고 해서 우리 사회와 우리 말글살이에서 영어를 완전히 배제시킬 수는 없다. 국가적으로는 필요한 영어 전문가를 어떻게 양성하고 활용할지에 대한 관심을 당연히 가져야 한다. 일반인의 경우에도 우리말 이름이나 어휘를 어떻게 영어로 표기할지 궁금해 할 때가 있다. 또 경우에 따라서는 우리 말글 속에서 불가피하게 영어 어휘를 사용해야 할 때도 있다. 이럴 때는 해당 영어 어휘를 어떻게 한글로 표기하는 것이 좋을지에 대한 의문이 제기되기도 한다.

　중요한 것은 한국어를 할 때는 제대로 된 한국어를, 또 영어를 할 때는 제대로 된 영어를 할 수 있도록 해야 한다는 것이다. 지금처럼 한국어 속에 영어 어휘를 무분별하게 섞어 쓰는 일은 멈추어야 한다. 부스러기 영어가 일상적으로 남발되고, 일각에서나마 보그체 같은 기형적 글쓰기가 통용되게 해서는 안 된다. 무엇보다도 우리에게는 나랏말인 한국어, 그리고 나랏글인 한글이 있다는 사실을 우리 모두 깊이 인식해야 한다. 최소한 외국인들이 한국에 첫발을 디딜 때, 그들의 눈에 한글이 강하게 비치게 해야 한다. 지금처럼 영어로 뒤덮인 간판이 비치게 해서는 안 된다.

이 책에서는 먼저 우리 사회 영어 오남용의 실태가 얼마나 심각한지에 대해 살펴볼 것이다. 그런 다음, 한글을 로마자로 표기할 때와 거꾸로 영어 어휘를 한글로 표기할 때와 관련해, 즉 한글의 로마자 표기법 및 영어 외래어 표기법과 관련해 그동안 어떤 쟁점들이 있어 왔는지, 또 그 쟁점들을 어떻게 해소할지에 대해 생각해 볼 것이다. 아울러 단순 외래어 표기법 수준을 넘어 영어 발음 자체를 실제 발음에 가장 가깝게 한글로 표기하는 방안에 대해서도 생각해 볼 것이다.

이 책의 구성은 다음과 같다. 먼저 영어가 얼마나 깊숙이 우리 말글살이에 침투해 있는지를 살펴보고 (1장), 이런 현실을 옥외광고물 등과 관련한 법령 및 국어기본법에 비추어 생각해 본다 (2장). 아울러 한글의 로마자 표기와 관련한 쟁점들을 살펴보고 (3장), 이어서 외래어 표기법 틀 안에서 영어의 한글 표기와 관련한 쟁점들을 살펴본다 (4장). 마지막으로 한글을 발음기호로 사용하여 영어 발음을 최대한 정확하게 표기하는 방안을 모색한다 (5장).

이 책이 우리 사회 도처에서 일상적으로 일어나고 있는 영어 오남용 문제의 심각성을 깨닫게 하고, 또 한글의 로마자 표기 및 영어의 한글 표기와 관련해 그동안 우리 사회가 겪어온 혼란 및 난맥상을 완화하는 데 작은 도움이라도 되었으면 하는 바람을 가져 본다. 또한 이 책에서 제안하는 영어 발음의 한글 표기법이 훗날 유용하게 사용되기를 기대해 본다.

2019년 한글날을 앞두고

지은이

차례

1장

우리 말글살이와

영어의 범람

우리 사회에는 곳곳에 영어가 널려 있다. 주변의 간판에서도, 상품 이름이나 광고 문안에서도, 노래 가사에서도, 영화 포스터에서도, 청소년들이 즐겨 하는 게임에서도 영어가 흘러넘친다. 정부 부처나 지자체에서는 영어를 억지로 붙여 만든 구호나 정책 이름을 내세우며, 정권적 차원에서 국가 브랜드라는 것을 영어로 만들기 위해 억지를 쓰기도 한다. 본 장에서는 우리 사회에 넘쳐나는 영어의 실태를 알아보고, 그 영어가 제대로 되기는 한 영어인지 진단해 보기로 한다. 그 과정에서 영어가 우리말을 어떻게 피폐화시키고 있는지도 살펴보기로 한다.

1. 넘치는 영어

서울의 거리에 나서면 눈에 들어오는 것이 온통 영어이다. 다음은 2019년 7월 어느 날 명동 입구의 모습이다. 상당수 점포 이름에 한글은 아예 보이지 않는다. 이처럼 우리나라에서는 우리 글자인 한글이 간판에 아예 사용되지 않는 경우가 허다하다.

옆에 보인 것처럼 어떤 건물에는 건물 전체가 영어로 도배되어 있기도 하다.

한글이 사용되더라도 작은 글씨로, 마치 그 모습을 부끄러워하기라도 하듯이, 한 쪽 구석에 숨어 있는 경우도 많다. 또한 간판의 영어에 더해 무슨 뜻인지 알기 어려운 영어 표현이 더덕더덕 붙는 경우도 흔하다. 다음은 몇 해 전 명동에 생겼다가 지금은 없어진 가게의 사진이다. 한글 이름은 아주 작게 한 귀퉁이에 적어 놓았다. 사진에 보이는 "Hi Waffle?, Good Waffle?! Bant Waffle!"이라는 영어 표현은 도대체 무슨 뜻으로 적어 놓은 것일까? 뜻도 뜻이지만, 요령부득의 구두점 사용은 영어가 객지에 와서 고생이 많다는 생각을 지울 수 없게 한다.

다음은 명동 입구 어느 건물 앞에 있는 안내판이다.

각 층에 어떤 점포들이 입점해 있는지를 알려주는 이 안내판에 한글이 사용된 것은 단 하나뿐이다.

이렇게 영어가 넘쳐흐르는 바로 그 명동 입구 한 쪽에 몇 해 전 다음과 같은 조형물이 설치되기도 했다.

이 조형물에 적힌 글의 뜻을 알게 된 외국인은 과연 어떤 생각이 들었을까?

명동에서만 그런 것이 아니다. 내가 사는 동네에는 외국인이 거의 다니지 않는다. 그럼에도 간판에 영어가 난무한다. 다음은 송파구 우리 집 근처 어느 빵집의 간판이다.

　　이 가게의 이름인 'aller à Paris'는 '파리에 가다'라는 뜻의 프랑스어이다. 거기에 'Bakery & Cafe'를 위시하여 "인공 첨가물이나 방부제를 사용하지 않는다"는 둥의 문안을 장황하게 영어로 써 놓았다. 누구보고 읽으라는 것일까?

　　옆 동네 어느 한적한 길가의 식료품점 벽에는 다음과 같은 영어가 적혀 있다.

　　그 영어의 수준도 수준이지만, 도대체 누구를 위해 이렇게 영어로 적어 놓은 것일까? 그 앞에 놓여 있는 것은 기껏해야 옥수수, 감자에 불과

한데 말이다.

　일각에서는 응당 한글로 써야 할 것을 생동맞게 영어로 표기해 이상한 표어나 광고를 만들기도 한다. 우리말 '고'를 'go'로 바꾸는 것이 대표적이다.

'도'를 'do'로 바꾸기도 한다.

너 DO 나 DO
제 6기 물사랑 블로그 기자단
수호천사 를 발표합니다.

　환경부와 한국상하수도협회가 주최한 행사에서 사용한 광고가 이런 식이다. '도'뿐 아니라 '두'를 'do'로 나타내기도 한다. 다음은 그 예이다.

너do 나do 모do
등록금 벌자!!!

정부에서 '스타트업'이라는 말을 사용하면서 '취업' 등의 '업'을 'up'으로 표기하는 현상도 일어났다.

우리말 '지'를 'G'로 표기하기도 한다.

2017년에는 경상남도 교육청에서 '안전R知'라는 구호를 만들어 특허청에 등록하는 일까지 일어났다.

'안전R지'의 'R'이 'Remember, Respect'로 안전을 기억하고 실천해 삶에 대해 존중하자는 메시지가 담겨 있다고 주장한다니 그 교육청 담당자들과 그들을 감독하는 교육감의 교육철학을 의심하지 않을 수 없다.

영어 정관사 'the'를 우리말 '더'와 연관시켜 사용하는 경우도 있는데, 다음 사진에서 보는 것처럼 서울의 교육청에서마저 이런 행태를 보인다. ('청렴한'의 '한'을 한자 '韓'으로 표기하는 것도 가관이라고 할 수 있다. 다른 곳도 아닌 교육청에서 '안전R知'나 'The 청렴韓'처럼 한글, 영어, 한자를 마구잡이로 섞어 사용하면서 아무런 문제의식을 느끼지 못한다는 것 자체가 우리 사회의 문제를 단적으로 보여준다고 할 수 있다.)

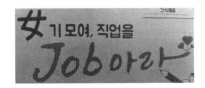

2019년 1월호 『한글새소식』에 실린 다음 사진에서도 한글, 영어, 한자가 마구잡이로 섞여 있는 문구를 볼 수 있다.

고용노동부의 지원으로 서울특별시중부여성발전센터가 마련한 무료 취업준비 프로그램을 홍보하기 위해 만든 문구라고 하는데, '여기'를 '女기'로, '잡아라'를 'Job아라'로 적은 것이 가관이다. 공공기관에서 우리 말글을 이렇게까지 학대해도 되는지 묻고 싶다.

　다음은 어느 대형 도매업체에서 판매하는 상품의 사진이다. '바나나브레드푸딩Banana Bread Pudding'이라는 이름 자체도 영어투성이지만, 그 위에 적은 'ㅃㅂㅋㅌ'라는 표현은 요  즈음 젊은이들 사이에서 사용되는 '빼박캔트'라는 표현을 첫 자음만 모아 적은 것으로 서, '빼박캔트'는 '빼도 박도 못 한다'라는 표현에서 '빼'와 '박'을 모으고, 여기에 '못 한다'라는 뜻의 영어 표현인 'can't'를 합쳐 만든 신조어이다 (이 제품을 선전하는데 이 표현이 왜 필요한지는 의문이다). 이처럼 영어는 단순히 간판이나 상표 이름뿐 아니라, 우리말 자체에 침투하여 우리말을 변형시키고도 있는 것이다.

　유사한 표현으로 'ㅇㄱㄹㅇ'(=이거레알)이라는 표현도 사용된다. 'ㅇㄱㄹㅇ'은 '이거'(=이것)의 첫 글자인 'ㅇ'과 'ㄱ'에 '레알'(즉 'real')의 'ㄹ'과 'ㅇ'을 합쳐 만든 표현이다. 겉으로는 한글을 사용하지만 이 역시 그 속에 영어(혹은 외국어) 표현이 숨어 있는 것이다.

'빼박캔트'나 'ㅇㄱㄹㅇ' 같은 한국어-영어 혼성 표현을 스스럼없이
사용하는 대학생들은 아래 사진에 보이는 것과 같은 옷을 입기도 한다.

앞면에는 각 대학의 영문 첫 글자(즉 'S'나 'K' 등)를 크게 쓰고, 뒷면에
는 해당 대학과 학과 이름을 영문으로 (한글이 아니라 영문으로) 적는 것
이 보통이다. 어깨 쪽에는 입학연도와 해당 학교의 교표를 양 옆에 넣
는다. 전국 거의 모든 대학의 옷 모양과 글자 배치 등이 대동소이하고,
색상만 차이가 난다. 한자로 대학이나 학과 이름을 적는 경우가 간혹
있기는 하지만, 한글을 사용하는 경우는 거의 없다. 우리 대학생들 사
이에 이런 옷에는 학교나 학과 이름을 한글로 적어서는 안 된다는 강
박관념이라도 있는 것이 아닌지 궁금하기까지 하다.

　나는 오래 전부터 학생들에게 이 옷의 문제를 지적해 왔다. 이게 만
일 교복 같은 것이라면 전국의 대학이 대동소이한 디자인의 교복을 채
택할 필요가 있을까? 천편일률적으로 앞면에 'S', 'K' 등의 영문 철자
를 넣고, 뒷면에 영어로 대학과 학과 이름을 적는 것도 마찬가지이다.
그 디자인의 천편일률적 구태의연함도 그렇지만, 왜 굳이 영어로 적어
야 하는가? 자기 학교나 학과를 표시하는 방법이 어찌 그 방법밖에 없

겠는가? 마땅히 각 대학이나 학과의 특성을 반영해 저마다 독특한 디자인을 구안해 내야 하지 않겠는가? 이는 단순히 영어를 남용한다는 차원을 넘어 우리 대학생들이 지극히 현실순응적이며, 또한 문제의식이 박약함을 극명하게 보여주는 것이라고 할 수 있다. (최소한 영어 대신 한글로 학교와 학과 이름을 적는다면 그 옷을 입고 해외에 나갔을 때 외국인들에게 한글을 알리는 효과라도 있을 것이다.)

2. 제대로 된 영어인가?

넘쳐나는 간판 영어에 늘 지적되는 것이 부정확한 영어의 문제이다. 몇 가지만 예로 들어보자. 다음은 몇 년 전 내가 신촌에 갔을 때 본 어느 꽃집의 간판이다.

'예지꽃방'이라는 가게의 이름이 영어로는 'Art Known Flowershop'으로 되어 있다. '예지'의 '예'를 'Art'로, '지'를 'Known'으로, 그리고 '꽃방'을 'Flowershop'으로 번역한 것으로 보인다. 그러나 이는 영어로는 전혀 통하지 않는 표현이다. '예지'를 '예술을 아는'이라는 뜻으로 번역하기 위해 이렇게 했는지 몰라도, 그런 뜻으로 (즉 '예술을 아는 꽃집'이라는 뜻으로) '꽃집'의 이름을 짓는다는 것 자체가 영어의 작동 원리를 무시하는 것이다. 설령 그런 뜻으로라도 'Art Known Flowershop'이라는 표현은 적절하지 못하다. 차라리 '예지'를 사람의 이름으로 간주해 'Yeji's Flower Shop'으로 번역했다면 그것이 오히려 나았을 것이다 ('flower'와 'shop'은 일반적으로 띄어 쓴다).

영어의 적절성 여부를 떠나, 꽃집 간판에 굳이 영어 표현을 병기해야 하는지부터 생각해 볼 문제이다. 꽃집은 한글을 모르는 사람이라도 그것이 꽃집임을 쉽게 알 수 있다. 이 꽃집에 얼마나 많은 외국인이 꽃을 사러 들렀는지 모르겠으나, 그들 중 대부분은 위와 같은 기이한 영어 표현이 없었더라도, 그 집이 꽃집임을 아는 데 별 어려움이 없었을 것이다.

다음은 회기역 근처에 있던 조그만 식당의 간판이다.

'몽땅'을 'Mongddang'이라고 표기한 것이 귀엽다. 그런데 '김밥' 집을 영어로 'Food System'이라고 번역해 놓았다. 영어로만 읽으면 대단히 큰 사업을 하는 것처럼 보인다. 조그만 김밥 집에 굳이 영어 표기가 필요한지도 의문이지만, 영어를 쓰더라도 무슨 이유로 이런 영어 간판을 내걸었는지 의아하다. 현재 이 가게는 문을 닫아 없어진 상태이다. 간판에 영어를 쓴다고 해서 가게가 잘 되는 것은 아닌 모양이다.

다음은 음식점 등에서 흔히 볼 수 있는 "물은 셀프"라는 안내문들이다.

　"물은 셀프"라는 말 자체의 어색함도 어색함이려니와 이를 "Water Self", 혹은 "Water is self"라는 영어로 옮겨놓은 것에는 실소를 금할 수 없다. 한글로 '셀프'라고 적어놓고 다시 영어로 'Self'라고 적는 것도 상당수 한국인 심리 속에 내재해 있는 영어 강박 의식을 보여주는 것이라고 할 수 있다.

　광화문 세종문화회관 뒤쪽에 있는 어느 김밥 집에는 아래의 간판과 영어 문구가 내걸려 있다.

김밥 집에 써 붙인 요령부득의 영어 문장 "Experience the taste enrich your life"라는 문구는 도대체 어떤 의도로 적은 것인지, 그리고 그것이 과연 어떤 역할을 하고 있는지 의아하기만 하다.

다음은 2017년 어느 체인점에서 낸 광고이다.

'1DAY 1GET'이라는 표현도 의아하지만, '겟get'한 '세일sale'이라는 말도 요령부득이기는 마찬가지이다.

다음은 어느 건물에 붙어 있는 금연 안내문이다.

"금연 구역"이라면서 영어로는 "No! Smoke", 즉 "아니에요! 담배를 피우세요"라고 적고 있다. 굳이 이런 엉터리 영어 문구를 적어놓을 필요가 있을까?

그런데 이런 식의 영어 오류는 공공시설의 경우에도 마찬가지로 나타난다. 다음은 조계사 근처에 있는 구한말 '우정총국' 자리를 설명하던 안내판이다.

우정총국

우리나라 최초우체국인 우정총국은 1884년 4월 22일 고종의 왕명으로 개설되고 11월 18일부터 근대 우정업무가 시작되었다.

그해 12월 4일 우정총국 개국 축하연에서 일어난 갑신정변으로 업무가 중단되었다가 1895년 7월 22일 농상공부 통신국에서 한성 – 인천 간 우체 업무를 재개하였다.

일제 강점기에는 한어학교, 중동학교 등으로 사용되다가 해방 후 적산가옥으로 철거될 위기에서 1956년 체신부가 매입하였다.

1970년 10월 현존 최고의 궁외건물과 애국운동 장소로서의 역사적 중요성을 인정받아 사적 제213호로 지정되었으며, 128년 만인 2012년 8월 28일에 우체국업무를 다시 시작하고 사료를 전시하는 등 우정문화의 상징적 장소로 새롭게 태어났다.

Ujeongchongguk (the Korean Postal Bureau)

Ujeongchongguk, the first post office of in Korea, was established by command of King Gojong of Chosun Dynasty on April 22, 1884 and Korea's first modern postal service started on November 18 of the same year.

On December 4, 1884, the postal service was suspended due to the so-called 'Gapsin Coup' that had been carried out by a progressive party in the opening ceremony of the Postal Bureau. On July 22, 1895, the Ministry of Agriculture and Commerce resumed its Hanseong–Incheon mail service.

During the Japanese occupation, the postal building had been used as 'Hanah School' providing Korean language education and 'Jungdong School' offering evening classes. After independence, however, it was condemned as a house of enemy property and at risk of being demolished. In 1956, the Ministry of Post and Communication purchased the building.

한국어 설명 중에 '한어학교'라는 표현이 보이고, 이 부분이 다음과 같이 영어로 번역되어 있다.

'Hanah School' providing Korean language education

즉 '한어학교'를 '한국어 교육기관'으로 설명하고 있는 것이다. 그런데 이 자리에 있던 '한어학교'漢語學校는 구한말에 설립된 관립외국어학교 중의 하나로서 '중국어 교육기관'이었다. '한어학교'를 'Hanah School' 이라고 적은 것 자체도 문제려니와 (이는 '하나학교'에 대한 영어 표기일 수는 있어도 '한어학교'에 대한 영어 표기는 되지 못함), '중국어 교육기관'을 '한국어 교육기관'이라고 영어로 설명한 것에는 어안이 벙벙하기까지 하다. 또한 이 안내판은 '한어학교'가 일제강점기 중에 있었던 것으로 설명하고 있으나, 이 학교는 일제강점기 이전에 한성외국어학교로 통합되어 교동에 있는 현재의 수운회관 자리로 이전되었다가 일제강점기 시작과 더불어 폐교되었다. 따라서 이 학교가 일제강점기 중에 이 자리에 있었다는 것은 명백한 오류이다. 다시 말해 이 안내판은 한글로나 영어로나 부정확한 서술을 하고 있는 셈이다. 나는 이 점을 언론 등에 알렸으나, 모두들 시큰둥한 반응이다가, 최근에야 수정되었다.

영어를 잘못 쓰는 일에 우리나라 대학들도 예외는 아니다. 내가 근무하는 학교에는 다음과 같은 안내판이 있다.

'법과대학'을 'School of Law', '법학전문대학원'을 'Law School'로 번역한 것도 그렇지만 ('School of Law'는 학부 과정, 'Law School'은 대학원 과정이란 말인가? 또 오래 전에 '법과대학'이 없어졌음에도 이 글을 쓰는 2019년 7월 현재 여전히 이 안내판이 그대로 있다), '제2법학관'을 'Second Law School'이라고 번역한 것은 압권이다 (같은 학교에 '제1법학전문대학원', '제2법학전문대학원'이 있다는 말인가?). '국제법무대학원'의 '법무'는 'Legal Altaires'라고 희한하게 적어놓았다 (아마도 'Legal Affairs'를 잘못 쓴 것으로 보인다). 여러 경로로 이의 시정을 촉구하였으나 무슨 이유 때문인지 여전히 시정되지 않고 있다. 그러면서도 학내에는 "Towards

Global Eminence"라고 적힌 깃발이 곳곳에 보인다. 'Global'이라는 말의 의미가 무색할 지경이다.

그러면서 소위 인문학 교육을 강조한다며 세운 교양대학에는 '후마니타스칼리지'라는 외국어 이름을 붙여놓았다. 외국어 이름을 붙이면 무언가 그럴듯하게 보이겠지 하는 정도의 깜냥으로 '교양', '인문 교육'을 논한다는 것 자체가 어불성설이므로 이에 대해 더 이상 언급하고 싶지는 않지만, 이들이 'Art-人'처럼 영어와 한자를 마구잡이로 섞은 이름의 행사를 벌이는 것을 보면 착잡한 마음을 금하기 어렵다. ('후마니타스'라는 이름으로 교양 교육을 혁신한다며 나선 인사는 석사 학위도 없으면서 수십 년 동안 미국 박사 행세를 해 오던 자였다. 이를 감안하면 이런 얄팍한 행위들, 즉 교양 없는 자가 교양 운운하며 마구잡이 외국어 이름을 만들어 쓰는 행위들은 그들의 수준에서는 어쩌면 당연한 일일지도 모르겠다는 생각이 들기도 한다.)

참고사항

인문학이 성을 내다

나는 진정한 인문학은 정확하고 적절한 우리말로 이루어져야 한다고 생각한다. 따라서 인문학 타령을 하는 사람들이 적절한 우리말 표현을 찾지 못해 영어 등 외국어 표현을 남발하는 것 자체를 문제라고 생각한다. 또한 진정한 인문학자라면 최소한 거짓 편에 서서는 안 된다고 생각한다. 그럼에도 불구하고 우리나라 인문학이 권력과 돈을 좇는 사이비 인문학자들에 의해 농단되는 일이 허다함을 안타깝게 생각하고 있다. 다음은 이런 우리 인문학계를 생각하고 쓴 시이다.

인문학이 성을 내다 | 한학성

졸고 있던 인문학
소란스러워 깨어보니
웬 치들이 떼지어온다
나가보니
자칭 인문학자라는 치들
인문학 위기라는 팻말을 들고
떼지어 몰려온다

인문학이 바라보니
그 치들 면면이 가관이다
진실장이를 따돌리는 치
제 패거리만 제일이라는 치
제자 논문, 연구비 가로채는 치
엉터리 학위 눈감아주는 치
가짜 논문게재증명서 끊어주는 치
민족대학이라며 영어만 좋아하는 치
이사장 부부에게 아버님, 어머님 하는 치
그 치들이 인문학이 위기란다

그 치들이 인문학을 살리란다

옆에 있던 경제학이 중얼거린다
돈 달라는 소리군
인문학이 소리친다
물렀거라
너희들이 언제 인문학을 했느냐
너희들 때문에 진짜 인문학자들이 서럽다
물렀거라
너희들 때문에 인문학이 위기다
너희들 때문에 인문학이 죽는다
인문학이 성을 낸다

(2012년 출간 한학성 시집 『좋은 것은 다 숨어 있다』에서)

3. 부스러기 영어와 보그체

우리 사회에 영어가 범람한다고는 하지만, 우리 주변의 영어라는 것
이 대부분 영어 단어 수준에 불과한 것들이다. 영어라는 언어 자체가
아니라 영어 단어들인 것이다. 영어 단어들을 한국어 속에 마구잡이로
섞어 쓰는 수준인 것이다. 이 점을 지적하는 일은 매우 중요하다. 우리
사회에서는 영어라는 언어가 홍수를 이루는 것이 아니라, 영어 단어가

한국어 안에서 홍수를 이루는 것이다.

이를 방송인 정재환은 '부스러기 영어'라고 칭하였다. 빵 부스러기를 쌓아놓는다고 해서 빵이 되는 것이 아니듯이, 영어 부스러기를 아무리 많이 모아 보았자 그것으로 영어가 되지는 않는다. 부스러기 영어 늘어놓기의 극단적 경우가 소위 '보그체'라는 것이다 (이를 '보그병신체'라고 부르기도 한다). 보그체는 광고 등에 자주 사용되기도 하며, 패션, 화장품 등 일부 영역에서는 일상적 대화나 표현 자체가 보그체로 이루어지기도 한다. 다음은 보그체와 관련한 신문 기사이다.

화장품 판매점의 진열대나 인터넷 쇼핑몰 등에서는 외국어 단어와 우리말을 뒤죽박죽 섞어놓은 국적불명의 홍보문구가 넘쳐난다. 이런 식이다. "크리미하고 글로시한 립 텍스처와 매트한 피부 표현의 하모니, 이번 여름 시즌 컨템포러리한 스타일링으로 메이크 오버를 시도하세요." 이와 같은 표현은 원조가 패션업계라고 해서 외국 패션잡지의 이름을 딴 '보그체'라고도 불린다. 업계에선 세련됨의 대명사처럼 쓰고 있지만 정작 소비자들 사이에서는 반감이 적지 않다. 직장인 변지혜(25·여)씨는 "차라리 영어로 적혀 있으면 짐작이라도 할 텐데 이런 식으로 섞어 놓으니 뜻이나 느낌을 받아들이기가 힘들다. 못 알아들으면 다 소용 없는 것 아닌가"라고 말했다. 대학생 김형규(27·남)씨는 "고급스러운 느낌보다는 불쾌감만 유발하는 것 같다. 웃기려고 만든 말이라면 대성공이다"라고 꼬집었다. (2016년 10월 5일자 한국일보 「우리말 홀대하는 우리 화장품」 기사 중)

다음은 어느 맥주에 대한 보그체 광고이다.

이런 보그체, 즉 '부스러기 영어 늘어놓기', 혹은 '쪼가리 영어 덧대 잇기'가 가장 일상적으로 사용되는 분야가 패션업계인데, 다음은 어느 패션잡지의 기사 중 일부이다.

이번 스프링 시즌의 릴랙스한 위크앤드

블루톤이 가미된 쉬크하고 큐트한 원피스는 로맨스를 꿈꾸는 당 신의 머스트 해브

어번 쉬크의 진수를 보여줄 모카 비알레티로 뽑은 아로마가 스 트롱한 커피를 보덤폴라의 큐트한 잔에 따르고 홈메이드 베이크 된 베이글에 까망베르 치즈 곁들인 샐몬과 후레쉬 푸룻과 함께 딜리셔스한 브렉퍼스트를 즐겨보자

우리 사회에 흘러넘치는 영어는 어느새 일부 분야이기는 하지만, 대명사, 조사 등을 제외하고는 거의 모든 단어를 영어로 해야 하는 지 경에 이르게까지 되었다.

이 책에서는 우리 말글살이 속에 넘쳐나는 영어의 문제를 짚어 보고, 우리 말글살이에서 직접 만나게 되는 영어 표기의 문제에 대해 진지하게 생각해 보기로 한다.

참고사항

영어와 한국어의 혼성 표현들

보그체처럼 한국어 속에 무분별하게 영어 단어들을 들여다 쓰는 문제와 더불어 영어 요소와 한국어 요소를 결합해 새로운 표현을 만들어 쓰는 경향도 급격히 늘어나고 있다. 이들을 유형별로 살펴보면 다음과 같다.

1. 한국어 요소와 영어 요소를 단순 결합하는 경우

가장 흔한 경우이다. 'PC방', '헝그리정신', '열정페이', '아재개그'처럼 한국어 어휘와 영어 어휘를 붙여 새로운 표현을 만들어 쓰는 경우인데, 좀 더 예를 들어보면 다음과 같다.

> 등골브레이커 (등골 + breaker)
> 멘탈붕괴 (mental + 붕괴)
> 유리멘탈 (유리 + mental) cf. 강철멘탈, 멘탈갑
> 팩트폭행 (fact + 폭행)

로켓배송 (rocket + 배송)
리즈시절 (Leeds + 시절) 영국 프리미어 리그의 축구 선수 앨런 스미스
Alan Smith가 축구 클럽 리즈 유나이티드에
서 뛰어난 활약을 펼치던 때를 이르던 말인
'리즈시절 스미스'에서 비롯한 것으로 현재는
'전성기' 또는 '황금기'와 유사한 뜻으로 쓰임
예민보스 (예민 + boss) 굉장히 예민한 상태 또는 그러한 사람을 말함
노잼 (no + 재미) 여기에 '핵'을 붙여 '핵노잼'이라는 표현도
사용함
밥버거 (밥 + burger)
갓띵작 (God + 명작) 신이 만든 명작, '띵'은 '명'의 왜곡

2. 한국어 요소와 영어 요소를 축약해 결합하는 경우

'몰래카메라'처럼 한국어 단어와 영어 단어를 합쳐 만든 표현을 '몰카'로 축약하는 경우이다. 앞에서 든 '멘탈붕괴'를 '멘붕', '팩트폭격'을 '팩폭'으로 줄여 사용하기도 한다. '모태솔로'를 '모솔'로 줄여 사용하는 것도 마찬가지이며 '컴맹'도 유사한 예로 볼 수 있다. 대개 각 단어의 첫글자를 사용하나, 경우에 따라서는 '안내 + 로봇'을 '안내봇', 'God + 건물주'를 '갓물주'로 줄이듯이 두 번째 단어의 뒷부분을 살려 쓰기도 한다.

미드 (미국 + 드라마)
언플 (언론 + 플레이)
비덩 (visual + 덩어리)
버카충 (버스 카드 충전)

카공족 (카페에서 공부하는 사람들)

사기캐 (사기 + character)　　　　게임이나 만화에서 다른 캐릭터보다 강한 캐릭터를 말하며 현실에서 흔히 볼 수 없는 완벽한 사람을 지칭하기도 함

생파 (생일파티)

즐겜 (즐거운/즐기다 + game)

광클 ((미칠) 광 + click)

코덕 (cosmetic + 덕후)　　　　　화장품, 화장법 등에 대해 많이 알고 매우 좋아하는 사람

현타 (현실자각 + time)　　　　　자기가 처한 실제 상황을 깨닫게 되는 시간

코노 (coin + 노래방)　　　　　　여기에 '혼자'를 뜻하는 '혼'을 붙여 '혼코노'라는 표현도 사용함

발컨 (발로 + condition)　　　　　발로 하는 듯한, cf. 신컨 (신의 컨디션)

극딜 (극 + damage dealing)　　　주로 온라인 게임에서, 상대에게 큰 피해를 주기 위해 모든 힘을 다하여 공격하는 일. 또는 그런 공격을 이르는 말

핑프족 (finger + prince/princess + 족)　스스로 찾아보면 충분히 찾을 수 있는 정보를 직접 찾지 않고 온라인이나 SNS 등에서 손가락만 움직여 질문부터 하는 사람을 말함

핵인싸 (핵 + insider)　　　　　　무리와 섞이지 못하고 밖으로 겉도는 아웃사이더와는 다르게 무리 속에서 아주 잘 지내는 사람을 가리키는 말

무민세대 (무 + mean(ing) + 세대)	무의미에서 의미를 찾는 세대
사바사 (사람 by 사람)	한국어 요소와 결합하는 영어 단어는 대부분이 명사이고 간혹 동사, 형용사 등도 사용되는데, 여기서는 예외적으로 'by'라는 전치사가 사용됨, 이와 유사한 표현으로 '날바날', '점바점', '케바케'(= case by case) 등이 있음
악플 (악 + 리플)	리플'은 'reply'의 줄임말, '악플'의 반대어인 '선플'도 유사한 예임
득템 (득 + item)	
눈팅 (눈 + chatting)	
뇌피셜 (뇌 + official)	공식적으로 검증된 사실이 아닌 자신의 뇌에서 나온 개인적인 생각을 뜻함
뼈그맨 (뼈 + 개그맨)	뼛속까지 개그맨이라는 뜻
밥터디 (밥 + study)	식사하면서 함께 공부하는 일, '술터디'라는 표현도 있음
일코노미 (1인 + economy)	1인 가구로 인해 나타난 경제 현상을 가리킴
홀로족 (홀로 + YOLO + 족)	YOLO = You only live once.
피켓팅 (피 + ticketing)	피가 튀는 전쟁 같은 티켓팅이라는 뜻으로, 열차표나 공연 관람권 따위의 예매에 많은 사람이 한꺼번에 몰려들어 치열한 경쟁을 벌이는 일을 이르는 말
아가리어터 (아가리 + dieter)	말로만 다이어트를 하는 사람을 이르는 말

고시오패스 (고시 + sociopath)   시험을 뜻하는 '고시'를 준비하는 사람들을 '고시생'이라고 하는데, 오랜 취업 준비로 인해서 우울증이나 심리 불안을 겪어 공격적인 성향을 나타내는 사람들을 가리키는 말

레전설 (legend + 전설)   보통의 전설이라는 뜻보다 훨씬 강력한 의미로 쓰임

맥세권 (맥도날드 + (역)세권)

스세권 (스타벅스 + (역)세권)

팩력배 (fact + 폭력배)

나일리지 (나이 + mileage)

체헐리즘 (체험 + journalism)

얼리어먹터 (early adopter + 먹다)   생소하거나 새롭게 출시된 음식 등을 먼저 먹어보거나, 새로운 식당을 방문해 음식에 대한 품평을 공개하는 사람을 가리킴, 'adopter', 즉 '어답터'의 '답'을 '먹다'의 '먹'으로 대체한 점에서 다른 예들과 차이를 보임

필리밥스터 (filibuster + 밥)   합법적 의사 진행 방해를 뜻하는 'filibuster'와 '밥'을 결합시킨 표현으로 '식사'를 핑계로 한 '필리버스터'를 뜻함, 앞의 '얼리어먹터'처럼 중간의 '버'를 '밥'으로 대체한 표현, 유사한 표현으로 '필리단식터'도 있음

또한 한국어 요소에 '마피아'를 결합한 표현도 자주 사용되고 있는

데, 이는 '모피아'라는 표현의 확장으로 볼 수 있다. '모피아'는 과거 '재무부'를 뜻하던 'Ministry of Finance'의 머리글자인 'MOF'를 '마피아'와 합성한 표현으로 '재무부 출신 관료'를 뜻하는 표현이다. 그런데 2014년에 일어난 세월호 사건을 전후해서 관료나 군, 정치인 출신 인사들이 재직 중 형성한 인적 관계를 이용해 퇴임 후까지 그들의 먹이사슬 구조를 유지하는 행태를 가리켜 '관피아', '군피아', '정피아' 라는 표현이 생겨나기 시작했다. 그들이 근무한 부처 이름과 합쳐 '해피아'(해양수산부 출신), '철피아'(철도청 출신) 등의 표현도 생겨났다. 또한 2014년 말에 대한항공의 땅콩 회항 사건이 일어나면서 '칼피아' 혹은 '항피아'라는 말이 사용되기도 했다.

이와 유사한 예로 '카파라치'처럼 '파라치'가 들어가는 표현도 들 수 있다. 이는 원래 '파파라치'paparazzi라는 표현에서 온 것으로 '파파라치'는 유명인이나 연예인의 사생활 사진을 몰래 찍어 언론사에 팔아넘기는 직업적 사진사를 의미한다. 그런데 한국에서는 포상금을 노리고 어떤 불법적 행위를 촬영해서 신고하는 사람을 가리켜 무슨무슨 '파라치'라고 부르는 용법이 생겨났다. '카파라치'는 포상금을 노리고 교통법규 위반자의 사진을 찍어 신고하는 사람을 일컫는다. 다음과 같은 예들도 있다.

노파라치: 노래방 불법 영업 행위 신고자
주파라치: 음주운전 신고자, 미성년자 주류 판매업소 신고자
식파라치: 식당 불법 영업 행위 신고자
학파라치: 학원 불법 영업 행위 신고자
쓰파라치: 쓰레기 불법 투기 신고자

란파라치: 김영란법 위반 행위 신고자

3. 영어 접사를 한국어 요소와 결합하는 경우

영어 요소와 한국어 요소가 결합할 때는 대개 독립된 단어로 사용될 수 있는 것들끼리 결합한다. 그런데 예외적으로 영어 접사가 한국어 요소와 결합하는 경우가 있다. 예를 들어 '귀차니즘'은 '귀찮다'라는 한국어 단어에 영어 접미사 '-ism'이 결합한 것으로 '귀차니스트'라는 표현까지 사용되고 있다. 이와 유사한 표현으로는 다음과 같은 것들이 있다.

> 반반이즘 (비용을 서로 반반씩 부담한다는 의미), 먹고살리즘, 짝사랑이즘
> 무나니스트, 멋지니스트, 건강니스트

또 '댓글러'처럼 한국어 요소에 영어의 '-er'을 붙여 '~하는 사람'의 의미로 사용하기도 하는데, 이에는 다음과 같은 예가 있다.

> 악플러, 혼술러, 구걸러, 촛불러, 막말러

이들은 모두 'ㄹ'로 끝나는 단어 다음에 '-er'을 붙인 경우들로서 한글로 '러'로 표기해도 무방하다고 할 수 있다. 그런데 최근에는 'ㄹ'로 끝나지 않는 경우에까지 '러'를 붙이는 예들이 늘어나고 있다. 다음은 그 예이다.

혼밥러, 구제러, 프로불편러, 프로편안러, 불참러, 짝퉁러, 지방
러, 먹방러

이에 비해 '오지라퍼' 같은 말은 '오지랖'에 '어'(-er)를 붙여 만든 말
로써 '러' 대신 '어'를 사용한다는 점에서 다른 것들과 구별된다고 할
수 있다 (오지라퍼 = 오지랖이 넓은 사람. 즉 남의 일에 지나치게 상관하는
사람을 이르는 말).

또 '혼바비언'처럼 '혼밥'이라는 한국어 표현에 '-ian'을 붙여 '~한 사
람'을 나타내기도 한다. 유사한 표현으로 '전라디언', '경상디언' 등이
있다 (이는 'Canada/Canadian', 'Paris/Parisian' 등을 흉내낸 것으로 보임).

다음에서 보는 바와 같이 한국어 요소에 영어 어미 '-less'를 결합하
기도 한다.

어이리스 (어이 + less)
양심리스 (양심 + less)

또한 영어의 접사와 유사한 표현을 한국어 요소와 결합시키기도 한다.

바보틱, 유아틱, 숙녀틱, 대학생틱, 시골틱 ('idiotic'의 'tic'을 한국어
단어와 결합시킴, 원래 영어에서는 'tic'이 아니라 'ic'이 접사임, cf. idiotic
= idiot + ic)

'있어빌리티', '우라질레이션', '상놈니제이션' 등도 유사한 예로 볼 수
있으며, '언구제러블'(= un + 구제 + able)처럼 한국어 요소에 영어 접두

사와 영어 접미사를 동시에 결합한 표현도 있다. 경우에 따라서는 '렬루'(= real + 로)처럼 영어 단어에 한국어 접사를 결합하기도 한다.

4. 영어 요소를 한국어 문장 속에 넣는 경우

"Have a good 잠"이나 "Have a good 밤"처럼 영어 문장 속에 한국어 단어를 삽입하기도 하는데, "God bless you!"를 빗대 "밥블레스유", "법블레스유"(법이 아니었으면 상대를 가만히 두지 않았을 것이라는 뜻)라는 표현을 사용하기도 한다. 또 "아웃오브안중"(= out of 안중, '안중에 없다'는 뜻) 같은 표현도 사용된다.

5. 기타

'ㅃㅂㅋㅌ'(빼박캔트)나 'ㅇㄱㄹㅇ'(이거레알)처럼 한국어 요소와 영어 (혹은 다른 외국어) 요소를 결합한 후 각각의 머리글자만을 사용하기도 한다.

2장

우리 말글살이 속
영어 오남용과
국어기본법

앞 장에서 우리 사회 도처에서 목도되는 영어 간판의 문제를 지적하였다. 한국에서 한국인을 대상으로 영업하는 상점이 영어로만 된 간판을 걸어도 법적으로 아무 문제가 없는 것일까? 또한 정부나 지자체에서는 수시로 영어 이름을 붙인 정책을 남발하며, 공문서 등에도 영어를 남용하는 일이 빈번하다. 이런 일들이 과연 법적으로 아무 문제가 없는 것일까? 이 장에서는 이 점에 대해 생각해 보기로 한다.

1. 옥외광고물 등의 관리와 옥외광고산업 진흥에 관한 법률 시행령

옥외광고물 등의 관리와 옥외광고산업 진흥에 관한 법률 시행령 제3장 제12조는 다음과 같이 되어 있다.

> 제3장 광고물 등의 표시방법
> 제12조(일반적 표시방법)
> ① 법 제3조 제3항에 따른 광고물 등의 표시방법은 이 장에서 정하는 바에 따른다.
> ② 광고물의 문자는 원칙적으로 한글맞춤법, 국어의 로마자표기법 및 외래어표기법 등에 맞추어 한글로 표시하여야 하며, 외국문자로 표시할 경우에는 특별한 사유가 없으면 한글과 병기倂記하여야 한다.

즉 이 시행령 12조 2항에 따르면 간판을 비롯한 옥외광고물의 문자는 원칙적으로 한글로 표기하여야 하며, 외국 문자로 표기할 경우에도 특별한 사유가 없는 한 한글과 병기하도록 되어 있다. 따라서 특별한 사유가 없는 한, 한글 없이 영어로만 표기한 광고물은 이 시행령을 위배하는 셈이라고 할 수 있다.

그럼에도 불구하고, 이 시행령을 위반하는 업주들에 대해 아무런 제재도 가해지지 않는 것이 현실이다. 다시 말해, 이 시행령은 있으나 마나한 것이다. 광고물에는 원칙적으로 한글을 사용해야 한다고 법령으로 정해도 지킬 필요가 없는 사회, 이것이 오늘날 우리 사회의 모습이다. (사실 이 시행령은 '외국 문자를 표시할 경우'에 대한 구체적 설명이 없어 이미 빠져나갈 구멍을 열어놓고 있는 셈이다. 거기에 더해 '특별한 사유가 없으면'에서 그 '특별'한 사유에 대한 조건도 없으므로, 한 번 더 빠져나갈 구멍을 열어주는 셈이다. 극단적으로 이야기하면 이 법률 시행령은 "광고물의 문자는 원칙적으로 외국 문자로 표시하여야 한다"고 하는 것이나 마찬가지의 결과를 가져오는 셈이다.)

국내 간판물의 표기는 다음과 같은 경우로 나누어 생각할 수 있다. 즉 한글로만 표기하는 경우, 한글과 영어를 병기하되 한글을 영어보다 크게 하거나 한글과 영어를 비슷한 크기로 하는 경우, 한글과 영어를 병기하되 영어를 크게 한글을 작게 하는 경우, 아예 영어로만 표기하는 경우 등이 그것이다. 여기서 문제가 되는 것은 아예 영어로만 표기하는 경우와 한글과 영어를 병기하되 한글을 아주 작게 하는 경우인데, 우선 몇 가지 예를 보도록 하자.

다음은 영어로만 표기된 간판의 예이다.

　이는 외국 상표의 가게들에서 흔히 일어나는 일이지만, 순수 국내 상점들에서도 마찬가지 일이 벌어지고 있음은 주지의 사실이다. 그런데 다음에서 보는 것처럼 외국 상표라 하더라도 비슷한 크기의 한글을 병기하는 경우도 있다.

　다음은 영어에 비해 한글을 아주 작게 표시하는 경우의 예이다. 이런 경우 한글이 너무 작아 알아보기 어려울 때도 있다. 아래 예 중 두 번째 경우가 그러한데, 한글 이름 전체가 차지하는 폭이 영어 이름의 첫 글자 'A'가 차지하는 폭과 동일하다. 아주 가까운 거리가 아니라면 한글 이름이 눈에 들어오기가 쉽지 않다.

특별한 이유도 없이 영어로만 표기된 옥외광고물은 앞에서 이미 지적한 것처럼 "광고물의 문자는 원칙적으로 한글로 표시하여야" 한다는 옥외광고물 등의 관리와 옥외광고산업 진흥에 관한 법률 시행령 12조 2항을 위반하는 것이다. 그럼에도 불구하고 이들에 대한 제재가 전혀 이루어지지 않고 있음은 우리 사회의 법치가 제대로 실현되지 않고 있음을 보여주는 것이다.

더욱이 국내 상표이거나 순전히 내국인을 위한 상점에서 영어로만 된 간판을 설치하는 것은 '특별'한 사유에 해당한다고 보기도 어려우므로 당연히 이 시행령을 위배하는 것이라고 할 수 있다. 다음은 내가 2013년 8월 강원도 동해시에 갔을 때 들린 바닷가 어느 커피점의 사진이다.

간판이 온통 영어로만 되어 있다. 이 집의 간판을 외국인을 위해 영어로 달아야 할 필요가 있는지도 의문이고, 또 한글을 병기하지 않을 만큼 '특별'한 사유가 있다고 보기도 어려우므로 이는 앞에서 언급한 법률 시행령을 명백히 위배하는 것이다.

그런데 특별한 사유에 해당한다고 하더라도 한글의 크기가 영어에 비해 지나치게 작다면, 이 역시 문제라고 해야 할 것이다. 한글을 영어 등 외국 문자와 병기하는 경우에 당연히 한글이 다른 외국 문자에 비해 작게 표시되어서는 안 된다는 규정을 두어야 할 것이다. 따라서 현행의 옥외광고물 등의 관리와 옥외광고산업 진흥에 관한 법률 시행령 12조 2항은 다음과 같이 수정되는 것이 바람직하다. (위의 예들 중에서 '버거킹'의 간판이 이러한 정신에 부합한다고 할 수 있다.)

〈수정 제안〉
② 광고물의 문자는 원칙적으로 한글맞춤법, 국어의 로마자표기법 및 외래어표기법 등에 맞추어 한글로 표시하여야 하며, 외국인을 위한 목적 등 특별한 사유가 있어 외국문자로 표기할 경우에는 한글과 병기하되, 한글의 크기가 외국 문자의 크기보다 작아서는 안 된다.

이와 관련하여 명동에 있는 유네스코한국위원회의 간판 표기가 적절한 것으로 생각된다. 유네스코한국위원회 같은 단체의 간판은 외국인들이 알아보아야 할 필요가 있을 터이므로 아래에서 보는 바와 같이 그리 크지 않은 크기로 영어 설명을 병기해 놓았다.

같은 명동에 있는 다이소라는 업체의 간판도 유사한 예라고 할 수 있다.

주로 영어 간판만을 내거는 외국 상표 상점의 경우도 특별한 상황에서는 한글을 주된 문자로 사용하고 영어를 작게 병기하는 경우도 있다. 다음은 인사동에 있는 스타벅스 점의 간판이다.

평소에는 한글 없이 영어로만 된 간판을 주로 내거는 이 커피전문점이 인사동이라고 해서 굳이 큰 글씨의 한글 간판을 단 이유는 무엇일까? 인사동이 한국적인 것을 찾아 외국인이 많이 찾는 거리이기 때문이라는 것이다. 이렇게 외국인이 많이 찾는 거리에 오히려 한글 간판이 강조된다는 것은 그 외의 거리에서는 굳이 영어 간판을 내걸 이유가 없다는 뜻이 되기도 한다. 이는 또한 외국인을 위한다고 해서 광고물의 문자는 원칙적으로 한글로 표기하여야 한다는 현행 옥외광고물등의 관리와 옥외광고산업 진흥에 관한 법률 시행령 12조 2항의 원칙을 훼손할 필요가 없다는 뜻이 되기도 한다.

다음은 광화문 세종대왕상 근처에 있는 같은 상표 가게의 간판
이다.

같은 상표의 인사동 가게에서처럼 한글이 영어보다 월등히 큰 것은
아니지만, 한글 글씨와 영어 글씨 간에 균형이 잡혀져 있다.

광화문 세종대왕 동상 근처 대로변에 있는 다음 간판들도 눈에
띈다.

다른 곳에서는 영어를 강조한 간판을 내거는 이 가게들이 한글 간
판을 내걸고 있다. 아마도 한글을 창제한 세종대왕상이 근처에 있기
때문일 것이다. 이는 광화문처럼 외국인이 많이 다니는 거리에도 얼마
든지 한글 간판을 사용할 수 있음을 보여준다. 문제는 그렇게 할 의지
가 있느냐 하는 것인데, 그런 의지를 갖지 않으면 안 되게끔 정부나 지
자체가 기존의 옥외광고물에 관한 법령을 적절히 손질한 후 엄격히 집
행하여야 할 것이다.

그러나 전망은 별로 밝지 않다. 어떤 점에서는 정부나 지자체, 혹은

공공기관이 오히려 영어 광고물 설치를 부채질하는 것처럼 보일 때가 많기 때문이다.

영어, 세종 임금께 상소하다

2009년 10월 9일 광화문광장에 세종대왕 동상이 설치되었다. 그리고 11월초 세종대왕 동상 앞에 영어 'WATER'의 각 글자를 2m 높이로 만든 조형물이 설치되었다. '물'을 주제로 열린 '2009 대한민국 공익광고제'를 홍보한다며 주최 측인 한국방송광고공사가 설치한 것이다.

세종대왕께서 창제하신 한글을 우리의 으뜸 자랑 중 하나로 내세우면서, 그 세종대왕상 앞에 굳이 영어로 된 광고물을 설치할 생각을 하는 당국자의 정신 상태를 도저히 이해할 수가 없다. 당시 이에 항의하기 위해 한글문화연대의 이건범 운영위원이 "세종대왕님 정신 나간 후손을 용서하세요"라는 글을 들고 1인 시위를 하였다. 아래의 시는 이 사건을 접하고 쓴 것으로 2010년 『문학나무』 가을호에 게재된 후 같은 해 『시향』 겨울호에 재수록되었다. 그 후 2012년에 나온 내 시집 『좋은 것은 다 숨어 있다』에 다시 수록되었다.

영어, 세종 임금께 상소하다 | 한학성

세종 임금 넋이 광화문 광장에 납시었다
상감마마 행차요 외침도 없이
그 때 세종 임금 앞에 머리를 조아리는 영어
그대는 누구인고
소인은 영어이옵니다 상소를 윤허하여 주소서
그리 하라
나랏말씀이 한국과 달라
저와는 잘 통하지 아니 하므로
불쌍한 한국 백성이 이르고저 할 바 있어도
저를 가지고는 그 뜻을 실어 펴기 어렵나이다
그러니 부디 저를 이 땅에서 해방시켜 주소서

세종 임금 이르기를
그대가 객지에 와서 고생이 많도다
그런데 지금은 나랏님이 없느냐

왜 그걸 짐에게 와서 고하는고

그동안 여러 차례 고하였나이다
그러나 전하의 후임들은
YS니 DJ니 하면서 저를 놓아주지 않았고
지금의 MB는 마치 매직 본드처럼
저를 더욱 붙들고 있나이다
부디 통촉하여 주소서

그런데 그들이 너와는 잘 통하느냐
그렇지도 않나이다
그들이 저를 말할 때 저는 특히 괴로웠나이다
저의 본 모습을 너무 망가트려
원래 제 고향 형제들이 저를 몰라볼까 두렵나이다

세종 임금 넋이 수심에 가득 찼다
그 때 앞에 보이는 자신의 동상
그 앞에 영어로 "WATER"라고 크게 써 있고
웬 젊은이 하나가
"세종대왕님 정신 나간 후손을 용서하세요"라는 글을 펴들고 있다

세종 임금 수심이 눈물 비 되어
"WATER"라고 쓰인 위에 떨어진다
훈민정음 해례본을 들고 있는 세종 임금 동상의 손이
부르르 떨린다

(2012년에 나온 한학성 시집 『좋은 것은 다 숨어 있다』에서)

이제 영어로 된 광고판을 세종대왕상 앞에 설치하는 따위의 일은 더 이상 벌어지지 않겠지만, 세종대왕상 뒤에는 한자로 된 광화문 현판이 여전히 세종대왕을 노려보고 있다. 세종대왕의 뒤통수가 무척 불편하실 것 같다.

2019년 7월 현재의 광화문 현판. 고증 자체가 제대로 되지 않은 3개의 한자가 세종대왕의 뒤통수를 노려보고 있다. 흰색 바탕에 검정 글씨로 되어 있으나, 원래 검정 바탕에 금색 글씨로 되어 있었음이 최근 밝혀져 다시 교체될 예정이다.

훈민정음의 창제 원리가 담긴 해례본체의 광화문 현판. 세종대왕상과도 잘 어울리며, 세종대왕께서도 가장 흡족해 하실 것이다. 고증이 미심쩍은 현재의 현판을 다시 교체할 예정이라면, 차라리 이 글씨체로 바꾸는 것이 훨씬 좋으리라고 생각한다.

2. 언론과 공공기관의 영어 오남용

다음은 2017년 9월 27일자 스포츠조선에 실린 기사의 제목이다.

미식 축제 '2017 코릿 제주 페스티벌' 29~30일 열려…푸드트
럭·셰프라이브쇼 등 진행

기사는 "제주관광공사와 웰콤퍼블리시스가 주최, 제주특별자치도
가 후원하는 2017 코릿 제주 페스티벌"이라고 소개하면서 '코릿'에 대
해 다음과 같이 적고 있다.

한편, '코릿KOREAT'이란 '코리아KOREA'와 '먹다EAT'의 합성어
로, 국내 외식업계 종사자 및 미식 전문가 100명이 오로지 '맛'
으로 평가한 한국 대표 미식 레스토랑 서베이 & 랭킹이다. 한
국은 물론 세계가 한국의 식문화를 맛보게 하자는 의미를 담아
2015년 첫 출범했으며, 올해로 3회를 맞이했다. 제3회 코릿 랭
킹에는 다이닝인스페이스, 르꼬숑, 리스토란테 에오, 밍글스, 스
시조, 우래옥, 진진, 쿠촐로 오스테리아, 톡톡, 필동면옥(가나다
순)이 전국 TOP10에 올랐으며 전국 TOP50 및 제주도 TOP30,
스타트업 TOP10이 전격 공개됐다.

공공기관이 주최하는 행사, 그것도 한국을 대표하는 맛을 기리는
행사의 이름이나 관련 기사 내용이 영어 등 외국어 단어로 범벅이 되
어 있다. 이런 경향은 다른 언론이나 공공기관에서도 마찬가지이다. 이
는 우리나라 언론이나 공공기관들이 영어 등 외국어 사용에 얼마나 심

하게 물들어 있는지를 보여주는 것이다. 이런 행태는 우리글 한글의
창제를 기리는 한글날에마저 반복된다.

2017년 한글날을 며칠 앞두고 오마이뉴스는 다음과 같은 제목의
기사를 내걸었다.

> 세종대왕이 한글날 광화문서 박원순 시장을 만난다
> - 한글날 9일에 한글반포 571돌 기념행사 '세종대왕 납시오!' 등
> 행사 풍성

그런데 박원순 서울시장이 한글날을 기념하는 행사를 한다는 기사
가 나간 바로 그 시기에 서울시청 누리집 대문에는 다음과 같은 행사
홍보물들이 내걸려 있었다.

한글날을 기린다고 하면서 그 즈음의 행사 이름을 '서울뮤직시티커 넥션'이라고 영어로 짓는 것은 무슨 마음에서일까? 그래도 이때는 한글로 적기라도 했지만, 그 아래 행사의 경우에는 한글보다 영어를 더 많이 사용해 적어 놓았다. 행사 기간을 알리기 위해 'Tue', 'Thu'처럼 영어를 사용한 것도 한글날을 기념하는 서울시와 서울시장의 진심에 의문을 갖게 만든다. 만일 세종대왕이 실제로 박원순 시장을 만났다면 어떤 반응을 보였을까?

다음은 당시에 함께 걸려 있던 박원순 시장 소개 화면이다.

자신을 '소셜시장'으로 소개하고 있다. 2019년 7월 현재 이 사진은 다음 사진으로 교체되었지만, '소셜시장'이라는 말은 그대로 사용하고 있다. 이 표현이 무척 마음에 드는 모양이다.

그런데 '소셜'시장이라는 말은 도대체 무슨 뜻일까? 그 뜻을 우리말로는 표현할 수가 없었을까? '공약&매니페스토'는 또 무엇일까? '&'라는 기호가 꼭 필요했을까? 세종대왕께서 박시장에게 큰 소리로 꾸지람할 것만 같다.

그런데 서울시청 누리집 대문 아래쪽에는 2018년 7월 1일까지만 해도 다음과 같은 서울시 사업 및 산하 기관 누리집에 대한 안내가 나와 있었다.

시민	민주주의 서울	서울통계	참여예산예산행비신고	서울교통정보	서울시보
	법령정보(조례 규칙)	토지정보/개발공시지가	대중교통분실물	서울형 지도해킹	스토리인서울
	세금납부	평생학습포털/시민대학	재개발/재건축클린업시스템	서울도서관	눈물그만(민생침해신고상담)
	서울 도시계획 포털	시민청	서울 두드림길	서울시자원봉사센터	서울시민 건강포털
사업자	서울기업지원센터	자영업자원센터	지방세 이의신청	입찰정보조회	노동존중특별시
	전자상거래	서울부동산정보광장	토지(지적)정보서비스	공동주택인터넷상담	서울일자리포털
	서울산업진흥원(SBA)	보건환경연구원	농업기술센터	물가정보	서울글로벌센터
	서울시자매도시현황	일자리카페	대부업조회	서울신용보증재단	사회적 경제 포털
관광객	도보관광	서울시티투어버스	서울특화관광	서울시립미술관	서울역사박물관
	한성백제박물관	남산골한옥마을	서울한옥체험	동의문 박물관마을	페스티벌인서울
	문화행사 캘린더	서울광장공원	시청사 통통 투어	시청사 전시	한류관광
	가이드북&지도	서울광장	서울대공원	청계천	여행필수정보

60개의 이름 중 1/3 정도의 이름에 영어 단어가 사용되고 있다. '포털', '센터', '카페' 등 자주 사용되는 단어뿐 아니라 '태깅' 등 생소한 단어도 사용되어 있고, '스토리인서울', '페스티벌인서울'처럼 전체를 아예 영어 어법에 맞추어 만든 이름도 있다. '재개발재건축클린업시스템', '서울글로벌센터' 같은 이름에는 지나치게 많은 영어 단어가 사용되기도 하였지만, 그 뜻도 명확하지가 않다.

앞에서 한글날 행사를 개최하면서도 정작 우리 말글에 대한 개념 자체가 크게 미흡한 서울시의 경우를 지적하였지만, 이는 비단 서울시만의 문제는 아니다. (참고로 2018년 문화체육관광부가 실시한 2017년 바른 공공언어 사용 확산 평가에서 서울시가 광역 지방자치단체 중 전국 최우수 기관으로 선정되었다고 하니, 다른 지자체의 상황을 미루어 짐작할 수 있을 것이다.) 우리나라 대부분의 관공서나 교육기관, 그리고 언론기관이 거의 비슷한 양태를 보인다.

다음은 2017년 한글날과 관련한 기사 제목의 예이다.

> 성남문화재단 책테마파크, 한글날 기념축제 열어 (2017년 9월 28일 헤럴드경제)
> 한글날 기념 서예 퍼포먼스 (2017년 10월 8일 뉴시스)
> 신토르×헐크×록희×밝히리…'토르' 한글날 기념 팬서비스 (2017년 10월 9일 스포츠조선)

한글날을 기념한다는 기사 제목에 '테마파크', '퍼포먼스', '팬서비스' 등의 영어 단어가 포함되어 있다. 공공기관이라고 할 수 있는 성남문화재단에서 다른 날도 아닌 한글날을 기념하는 행사의 이름을 '책테마파크'라고 정하는 것이 과연 적절할까? 「신토르×헐크×록희×밝히리…'토르' 한글날 기념 팬서비스」라는 기이한 제목의 기사 앞부분은 다음과 같다.

> 명실상부 올 가을 마블 최고의 메인 이벤트 영화 '토르: 라그나로크'가 한글날을 기념하여 국내 팬들을 위한 스페셜한 이미지, 바로 한글날 기념 포스터 4종을 전격 공개해 유머까지 선사한다.
> '토르: 라그나로크'는 온 세상의 멸망 '라그나로크'를 막기 위해 마블 최초의 여성 빌런 헬라에 맞선 토르가 헐크와도 피할 수 없는 대결을 펼치게 되는 2017년 마블의 메인 이벤트 영화.

'토르: 라그나로크'가 10월 9일 한글날을 기념해 영화의 메인 주역 4명이 등장하는 한글날 기념 포스터를 전격 공개하며 국내 팬들의 기대감에 불을 지피고 있다. 한글날 기념 포스터는 이전에 공개되었던 강렬한 캐릭터 포스터에 각 캐릭터의 특징을 십분 살려 한글로 탈바꿈한 이름이 궁서체로 담겨 있을 뿐 아니라, 유머러스한 한국어 네이밍으로 팬들의 눈길을 사로잡는다.
(2017년 10월 9일 스포츠조선)

한글날을 기념하여 외국 영화 주인공의 이름을 한국어로 바꿔 보여준다는 것이 주된 내용인 이 기사는 정작 기사 자체에는 '마블', '메인 이벤트', '스페셜한 이미지', '빌런', '메인 주역', '유머러스한', '네이밍' 등 불필요한 영어 표현을 마구잡이로 섞어 쓰고 있다. 기사를 작성한 기자의 수준과 감각뿐 아니라 편집책임자의 의식이나 업무 태도마저 의심하게 만든다.

다음은 2016년 10월 8일 한글날 행사와 관련한 연합뉴스TV 보도의 앞부분이다.

3만제곱미터의 아스팔트가 커다란 스케치북이 되고 퍼레이드에 세종대왕이 나섭니다. 서울 서초구는 휴일 오후 내내 잠수교와 반포대로 양방향 전차로를 통제하고 서리풀 페스티벌 행사를 개최합니다. 행사에는 대략 15만명이 참가할 것으로 예상됩니다. 서초역에서 서초3동 사거리 구간에서는 색색의 분필 2만4천갑으로 한글을 넣은 그림 그리기를 합니다. 이어 비행선 2대와 드론 5대가 상공을 날고 오색 연화가 쏘아올려지는 가운데 서초강산 퍼레이드를 시작합니다. 수십여대 수방사 헌병대 싸이카와 염

광고 마칭밴드가 앞장서고 세종대왕 분장을 한 인물이 훈민정음 기수단 행렬을 이끕니다.

한글날 행사를 보도하면서 '아스팔트', '스케치북', '퍼레이드', '페스티벌', '마칭밴드' 등 얼마든지 피할 수 있는 영어 단어뿐 아니라 '싸이카'처럼 국적불명의 단어를 사용하였다. 이 역시 해당 기자의 수준과 감각을 의심하게 하는 것이다.

한글날이 되면 평소에는 'NAVER', 'DAUM'처럼 영어로 적던 이들 기업의 이름도 '네이버', '다음'처럼 한글로 바뀐다. 한글은 1년 365일 중 한글날 단 하루만 신경 쓰는 척하면 된다는 것일까? 다음은 이들이 평소 그들의 초기화면에 제시하는 회사 이름과 2017년, 2018년 한글날에 제시한 회사 이름이다. 평소에는 영어로 된 회사 이름을 사용하다 오직 한글날 단 하루에만 한글 이름을 사용하고 있다.

2017년에 네이버는 한글날을 기리기 위해 다음과 같은 행사를 벌이기도 하였다.

한글날을 기리는 행사를 한다면서 군이 이름에 '스퀘어라운드'라는 영어 단어를 붙여야 했을까? 도대체 어떤 행사를 염두에 두고 이런 이름을 붙인 것일까?

　교육기관도 예외는 아니다. 다음은 2017년 한글날을 기념하여 전남대학교에서 개최한 한국어 말하기 대회를 알리는 포스터이다.

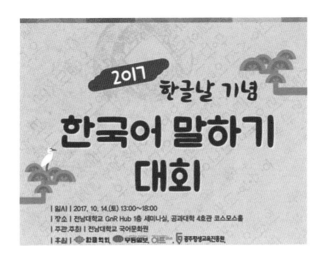

　개최 장소가 '전남대학교 GnR Hub 1층 세미나실, 공과대학 4호관 코스모스홀'로 되어 있다. 겉으로는 한글날을 기념한다고 하면서, 군이 행사 장소를 'GnR Hub', '코스모스홀'처럼 영어로 되어 있는 곳을 정한다는 것 자체가 한글날이나 한글에 대한 그들의 감수성 정도를 보여주는 것이라고 할 수 있다. 그날 행사에 참석한 외국인들이 'GnR Hub'라고 적힌 건물에 들어오면서 과연 어떤 생각이 들었을까? 도대체 전남대는 애초에 건물 이름을 왜 이렇게 정했을까?

　이러한 행태는 우리나라 공공기관 거의 전부에 걸쳐 나타난다. 다음은 2016년 한글날 직전인 10월 7일에 교통방송tbs이 보도한 내용이다.

문화체육관광부 등 정부 부처와 각 지방자치단체 홈페이지에 들어가 봤습니다.

첫 화면에는 대한민국 고 캠핑, 강소·벤처·스타트업 청년매칭 2016년 잡페어, 덕수궁 피크닉 등 행사명을 쉽게 볼 수 있습니다.

또 클릭 한 두 번이면 코리아 프리미엄 창출을 향한 문화융성 추진계획, 원스톱 서비스, 패션 클러스터와 같은 난해한 행정용어가 보입니다.

심지어 지자체들의 대문이라 할 수 있는 브랜드명 또한 Dynamic 부산, Pride 경북, It's 대전 등 의미를 한 번에 정확히 알 수 없는 명들을 사용하고 있습니다.

한글을 앞장서서 지켜야 할 공공기관들이 세계화, 국제화를 내세우며 외국어, 외래어를 남용하고 있습니다.

문제는 우리 국민들이 정확한 의미 파악을 하지 못한다는 것입니다.

몇 해 전부터 정부 부처와 지자체가 무분별한 외국어, 외래어 사용을 지양하고 한글로 대체하겠다는 발표를 속속 내놨지만 아직까지 큰 변함이 없습니다.

우리 말글에 관한 주무부처인 문화체육관광부마저 이런 실정이니, 다른 정부부처나 지자체, 그리고 기타 공공기관의 경우는 더 이상 말할 필요도 없을 정도로 여겨진다.

그런데 우리나라에는 국어기본법이라는 것이 있다. 우리나라 공공기관의 영어 남용, 그리고 그에 따른 한국어/한글 홀대는 바로 이 국어기본법을 정면으로 위반하는 것이다. 다음 절에서 국어기본법에 대해 알아보기로 하자.

3. 국어기본법

국어에 관한 핵심 법률로 국어기본법이 있는데, 이 법률 중 주요 조항을 소개하면 다음과 같다.

제4조(국가와 지방자치단체의 책무) ① 국가와 지방자치단체는 변화하는 언어 사용 환경에 능동적으로 대응하고, 국민의 국어능력 향상과 지역어 보전 등 국어의 발전과 보전을 위하여 노력하여야 한다.

제10조(국어책임관의 지정) ① 국가기관과 지방자치단체의 장은 국어의 발전 및 보전을 위한 업무를 총괄하는 국어책임관을 소속 공무원 중에서 지정하여야 한다.

제14조(공문서의 작성) ① 공공기관 등은 공문서를 일반 국민이 알기 쉬운 용어와 문장으로 써야 하며, 어문규범에 맞추어 한글로 작성하여야 한다. 다만, 대통령령으로 정하는 경우에는 괄호 안

에 한자 또는 다른 외국 글자를 쓸 수 있다.

제15조(국어문화의 확산) ① 문화체육관광부장관은 바람직한 국어문화가 확산될 수 있도록 신문·방송·잡지·인터넷 또는 전광판 등을 활용한 홍보와 교육을 적극적으로 시행하여야 한다.
② 신문·방송·잡지·인터넷 등의 대중매체는 국민의 올바른 국어 사용에 이바지하도록 노력하여야 한다.

우리나라 정부부처, 지자체, 언론기관 등에서 영어를 남용하는 것은 위에 소개한 국어기본법을 위반하는 것이다. 우선 정부부처와 지자체에서 영어를 남용하는 것은 국가와 지방자치단체는 국어의 보전과 발전을 위해 노력하여야 한다는 국어기본법 제4조 1항 위반이다. 또 언론기관에서 영어를 남용하는 것은 "신문·방송·잡지·인터넷 등의 대중매체는 국민의 올바른 국어 사용에 이바지하도록 노력하여야 한다"는 국어기본법 제15조 2항 위반이다. 앞에서 살펴보았듯이 간판 등에 관한 법령 위배에 무기력한 우리 사회는 정부부처 등 공공기관이 자행하는 국어기본법 위배에 대해서도 무기력하기만 할 뿐이다.

이와 같은 상황에서 국어기본법 10조 1항과 14조 1항도 있으나마나 한 조항에 불과하다. 국어기본법 제10조 1항은 "국가기관과 지방자치단체의 장은 국어의 발전 및 보전을 위한 업무를 총괄하는 국어책임관을 소속 공무원 중에서 지정하여야 한다"고 규정하고 있지만, 정부부처나 지자체의 주요 정책 이름이나 정책 홍보물에 영어 등 외국어가 남용되고 있다면, 도대체 국어책임관이 무슨 일을 하고 있는지 의문을 제기하지 않을 수 없다.

다음은 2018년 4월 18일 한국방송KBS 보도 내용이다. 부산 신도시 이름에 관한 보도를 하면서, 국어책임관에 관한 보도를 하고 있다.

부산시는 도시 위상을 높이겠다며 새 이름을 짓고 있습니다.

마지막까지 걸러진 후보는 '넥스텀NEXTUM'과 '센타스XENTAS', '웨스트마크WESTMARK', '맥MACC', '빅드럼BIG DRUM' 등 5가지.

'가장 앞선', '거대 도시' 등의 뜻을 담은 영어 표현입니다.

[배병철/부산시 좋은기업유치과장: "(명지지구가) 경제자유구역 활성화 측면에서 외국인 투자 유치라든지..."]

'공공언어'의 정체성을 잃었다며, 관련 단체들의 비판이 이어지고 있습니다.

[김영선/동아대 언어교육원장: "그러한 언어가 사용됨으로써 그 언어문화가 미치는 파급 효과는 대단히 파괴적이고, 부정적이기 때문입니다."]

부산시는 명칭 선정 과정에서 법 절차도 지키지 않았습니다.

국어기본법과 시 조례에는 국어 보전 업무를 총괄하는 국어책임관을 지정하고 주요 정책 사업 명칭을 정할 때는 사전에 협의하도록 돼 있습니다.

하지만 명칭 선정 과정에서 국어책임관은 아예 빠졌습니다.

법 규정까지 무시한 명칭 선정과 부서 간 엇박자 행정으로, 국적 불명의 이름을 단, 또 하나의 신도시가 탄생하는 것은 아닌지 우려됩니다.

있으나마나한 국어책임관 제도는 국어기본법의 사문화 실태를 적나라하게 보여준다고 할 수 있다.

신도시 이름이나 주요 정책 이름에마저 공공연하게 영어를 사용하는 정부부처나 지자체가 공문서에 한글을 사용하라는 국어기본법 제14조 1항을 준수하리라고 기대하는 것은 우물가에서 숭늉을 찾는 격이다.

다음은 2016년 10월 7일 한글날에 즈음하여 대전일보가 보도한 내용이다.

정부를 비롯한 일반 행정기관 등에서 공공의 목적을 위해 사용하는 이른바 '공공언어'에 영어식 표현과 어려운 한자가 과도하게 쓰이는 현상이 사라지지 않고 있다.

아직도 데이터베이스DB, 유비쿼터스Ubiquitous, MOU(memorandum of understanding), 바우처 제도Voucher System 등 쉽게 의미를 알 수 없거나 추가설명이 필요한 단어들이 정부기관의 공문서에서 흔하게 사용되고 있는 것이 현실이다.

6일 문화체육관광부와 국립국어원이 발간한 '쉬운 공공언어 쓰기 길잡이'에 따르면 국립국어원의 2013년 자체 점검 결과, 중앙 행정기관 보도자료에서 로마자와 한자를 그대로 노출해 생긴 문제점이 45%를 차지한 것으로 나타났다.

이 가운데 로마자로 쓴 R&D(연구개발), ICT(정보통신기술), MOU(양해각서) 등은 관련 분야 종사자에게는 익숙할 수 있지만 대부분 전문성이 강해 일반 국민이 이해하기 어렵다는 한계가 있다. 또 사회惡(사회악), 全員(전원), 對(대) 등 과도한 한자 사용, 'Dynamic Korea(다이내믹 코리아)', 'Hi, Seoul(하이 서울)'과 같은 영어 표현을 남용하는 것도 마찬가지다.

공공기관 등의 공문서는 어문규범에 맞추어 한글로 작성해야 한다고 규정하고 있는 국어기본법 제14조에 따라 로마자 등 외국 글자와 한자는 불가피한 경우에만 적되 괄호 안에 적는 것이 바람직한데도 이를 지키지 않고 있는 것.

이와 함께 (사)한글문화연대가 지난해 4~6월 17개 정부부처에서 낸 보도자료 총 3,270건을 분석한 결과, 국어기본법을 위반한 사례는 한 건의 보도자료당 평균 4.0회로 조사됐다.

외국어 남용 비율은 보도자료마다 평균 7.3회로 나타났다. 2014년에 비해 국어기본법 위반 사례는 증가하고 외국어를 한글로 적기만 하는 비율은 조금 감소한 수치다.

공문서는 한글로 작성해야 한다는 국어기본법 제14조 1항을 정부가 앞장서서 위반하고 있다는 지적은 늘 있어 왔다. 그것이 고쳐지지 않고 있는 것은 대통령을 비롯한 우리나라 공무원들의 무사안일 때문이다. 대통령부터 국어기본법에 대한 이해를 해야 하고, 이를 강력히 집행할 의지와 능력이 있는 사람을 문체부 장관으로 임명해야 할 것이다. 어느 대통령이든지 그의 임기 5년 동안만 이 정책을 강력히 시행하면, 그 후로는 자연스럽게 국어기본법이 지켜지는 문화가 확립될 것이다.

그러나 이번 정부에서도 그럴 가능성은 별로 없어 보인다. 2017년 6월에 출범한 이번 정부의 초대 문체부 장관은 시인이라면서도, 그 해 한글날 문체부 누리집에 한글날과 관련한 안내문조차 내걸지 않았다. 게다가 '대한민국 정부 대표 포털'이라는 '정부24'에 들어가 문체부 산하기관의 누리집을 검색하면 다음과 같은 화면이 뜬다 (2019년 1월).

첫 화면부터 영어 문자, 영어 단어가 사용된 이름들이 상당수 등장한다. 이 외에도 '타이포잔치 2015', '코리아플라자', '공예트렌드페어', '공공누리포털', '한옥스테이', 'e-브리핑', '관광아이디어뱅크', '코리아플라자 온라인커뮤니티', '지구촌스마트여행', '21c 한국음악프로젝트', '온라인사진갤러리', 'weekly 공감', '한국공예디자인문화진흥원 아카이브' 등 다양한 이름들이 등장한다.

위의 화면에서 세 번째로 보이는 '스마트글램코리아'라는 희한한 이름의 기관으로 들어가면 다음과 같은 안내가 뜬다.

스마트글램코리아 홈페이지가 문화LOD로 확대 운영되어
홈페이지 주소(URL)가 변경됨을 알려드립니다

문화LOD 홈페이지를 이용하시려면 "바로가기" 버튼을 클릭해 주시기 바랍니다.

문화LOD 바로가기

'스마트글램코리아'라는 이름을 '문화LOD'로 바꾸었다는 것인데, 우리나라 문화와 관련된 정보를 검색하는 이름을 굳이 이렇게 지어야 할까? 문화체육관광부에서 관리 감독하는 기관이나 사업의 이름마저 이런 실정이니 "문화체육관광부장관은 바람직한 국어문화가 확산될 수 있도록 신문·방송·잡지·인터넷 또는 전광판 등을 활용한 홍보와 교육을 적극적으로 시행하여야 한다"는 국어기본법 15조 1항이 지켜질 리 만무하다고 할 수밖에 없을 것이다.

4. 연변 상점의 간판

여러 해 전에 방문한 중국 연변의 거리 모습은 우리의 현실과 비교해 착잡한 마음이 들게 한다.

위에서 보다시피 간판 대부분에 한글이 먼저 적혀 있고 그 옆이나 아래에 한자가 적혀 있다. 크기도 한글과 한자가 비슷하거나 한글이 오히려 더 큰 경우도 있다.

한자보다 한글을 먼저 쓰는 경향은 연변대학 구내에서도 발견된다.

　중국에서 중국인으로 살아가는 조선족들이 오히려 우리의 한글을
더 존중하고 있다는 사실은 국어기본법의 주무부처인 문화체육관광
부마저 국어기본법을 지키지 않고 있는 우리 현실과 대비되어 씁쓸한
마음이 들지 않을 수 없게 한다.

　문화체육관광부마저 국어기본법을 지키지 않는다는 것은 결국 정
부 스스로 법을 어기고 있음을 의미하는 것으로서, 그 최종 책임은 정
부를 대표하는 대통령이 져야 할 것이다. 그런 의미에서 현재 대통령
도 우리의 얼인 우리말과 관련된 국어기본법을 지키지 못하는 대통령
인 셈이라고 해야 할 것이다.

국가 영문 브랜드

국어기본법을 지키지 않는 정부가 영어로 국가 브랜드라는 것을 만들기 위해서 천문학적인 예산을 낭비하기도 한다. 먼저 그동안 관광 진흥을 목적으로 만든 국가 관광 브랜드라는 것들을 보기로 하자. 다음은 2007년 4월에 노무현 정부가 임기 종료 1년도 채 안 남은 상태에서 발표한 한국 관광 브랜드이다.

이듬해 출범한 이명박 정부는 이 브랜드에 문제가 있다며 이를 대체할 브랜드 작업에 들어가 2010년에 "Korea Be Inspired"라는 표어를 만들었지만, 이 역시 2013년에 출범한 박근혜 정부에서 2014년에 "Imagine Your Korea"라는 표어로 대체되었다.

정권이 바뀔 때마다 한국을 대표하는 관광 브랜드가 "Korea Sparkling"에서 "Korea Be Inspired"로, 다시 "Imagine Your Korea"로 바뀐 것

이다. 그리고 또다시 정부가 바뀐 지금, 이들 중 어느 것도 제대로 사용되지 않고 있다. 정권이 바뀌면 사라질 운명의 영어 구호를 만든다고 수십억 원을 쓰고, 또 그것을 홍보한다고 추가로 그 이상의 돈을 썼지만, 그 돈들은 문자 그대로 허공에 날아가 버린 셈이 된 것이다. 영어가 흘러넘치는 우리나라에서 10년 정도라도 갈만한 영문 관광 브랜드 하나 제대로 만들어내지 못하는 이유가 무엇일까? 이것이야말로 우리 정권 담당자들의 창의성 빈곤을 그대로 드러내는 것이 아닐까?

2001년부터 우리나라를 상징하는 영문 브랜드로 사용되어 오던 "Dynamic Korea"라는 표어를 대체하기 위해 박근혜 정부는 35억 원이나 들여 "Creative Korea"라는 국가 브랜드를 만들어 2016년 7월에 발표하였다.

그런데 "Creative Korea"라는 영문 표어는 다음과 같은 프랑스의 표어를 표절한 것이라는 비판을 들었다.

**CRÉATIVE
FRANCE**

국가를 대표하는 표어가 정권이 바뀔 때마다 바뀌어 왔다는 것은 그동안 정권을 맡은 사람들이 얼마나 근시안적인 안목으로 국가를 경영해 왔는지를 보여주는 것이다. 이는 어떤 면에서는 우리나라가 정권 차원에서 우리나라를 상징하는 영문 표현에 얼마나 목말라하고 있는지를 보여주는 것이기도 하지만, 다른 한 면에서는 우리나라의 위정자들이 얼마나 창의성 없는 인사들에 그 일을 맡겨 왔는지를 보여주는 것이기도 하다. 무엇보다 기존의 표어보다 훨씬 더 좋은 것이라는 확신이 없는 상태에서 정권 말기에 새로운 국가 브랜드를 발표하는 일은 되풀이되지 말아야 할 것이다. 다음 정부에서 폐기될 운명의 표어라면 차라리 발표하지 않는 것이 낫기 때문이다. 정권적 차원이 아니라 국가적, 그리고 전 국민적 차원에서 한국을 효과적으로 표현할 수 있는 새 국가 브랜드가 곧 만들어지면 좋겠지만, 그때까지는 차라리 "Dynamic Korea"라는 표어를 사용하는 것이 나을 것 같다는 생각이 들기도 한다.

한글의
로마자 표기법
논쟁

본 장에서는 한글의 로마자 표기법과 관련한 쟁점들을 살펴보기로 한다. 핵심 쟁점 3가지, 즉 자음 'ㄱ/ㄷ/ㅂ/ㅈ'의 표기와 관련한 쟁점, 모음 'ㅓ/ㅡ/ㅢ'의 표기와 관련한 쟁점, 그리고 글자를 옮길 것인지, 소리를 옮길 것인지와 관련한 쟁점들을 살펴본 후, 기타 쟁점들을 살펴보기로 한다. 아울러 한국인 이름의 로마자 표기와 관련한 쟁점도 살펴볼 예정이다.

1. 들어가며

한글의 로마자 표기는 암암리에 영어 그리고 영어화자의 관점에서 논의되어 왔다. 그런데 로마자는 영어뿐 아니라 독일어, 프랑스어, 스페인어, 이탈리아어 등 다양한 언어에서 사용되며, 같은 철자라도 각 언어마다 읽는 방법이 다를 수 있다. 또 언어에 따라서는 영어에서 사용되지 않는 특수 기호가 사용되기도 한다. 여기에서는 한글을 로마자로 표기함에 있어 어떤 언어를 기준으로 삼는 것이 바람직한가에 대한 논의는 피하기로 하겠다. 다만 실용적인 관점에서 그동안 암암리에 가정해 온 큰 틀은 유지하면서 핵심이 되는 쟁점들을 살펴 논의하기로 하겠다.

한글의 로마자 표기법 논쟁에서 자음은 항상 영어식 표기를 기준으로 삼아 왔다. 예를 들어 'ch'를 'ㅊ' 즉 '[ʧ]' 소리를 나타내는 철자로 사용하는 것은 영어식 표기이다 (예외가 있기는 하지만 영어에서 'ch'는 대체적으로 '[ʧ]' 소리를 나타낸다). 'ch' 철자는 독일어에서는 '[x]'나 '[ç]' 소리(우리말의 '흐'나 '히'와 유사함)를 나타내며, 프랑스어에서는 '[ʃ]' 소리(영어에서 'sh' 철자가 나타내는 소리)를 나타낸다. 또한 스페인어에서는 우리말 'ㅉ'에 가까운 소리를 나타낸다. 'p/t/k'도 스페인어, 이탈리아어 등에서는 우리말의 'ㅃ/ㄸ/ㄲ'과 유사한 소리를 나타내므로 영어 소리와 차이가 있다고 하겠다.

그러나 모음 중 'a/i/u/e/o'의 경우에는 기본적으로 국제음성기호를 기준으로 해 각각 '아/이/우/에/오'를 나타내는 기호로 삼아왔다 (이는 스페인어나 이탈리아어에서의 발음과도 동일함). 예를 들어 '[u]' 소리를 영어에서는 대개 'oo'로 표기하며, 프랑스어에서는 'ou'로 표기한다. 그러나 한글의 로마자 표기를 논함에 있어 '우'는 대체로 'u'로 표기해 왔다. 여기에서는 이러한 큰 틀은 그대로 유지하면서 논의를 진행하기로 한다.

한글 지명이나 인명을 영어로 어떻게 적어야 할지에 대해서는 그동안 많은 논란이 있어 왔다. 정부의 공식 표기법 자체도 여러 차례 바뀌어 왔다. 그 결과 '부산'이 'Pusan'과 'Busan' 사이에서 오락가락하기도 하였다. 실제로 부산에서 열리는 '부산국제영화제'의 영어 명칭은 처음에는 'Pusan International Film Festival', 줄여서 'PIFF'였지만, 지금은 'Busan International Film Festival', 줄여서 'BIFF'이다.

다음에서 보는 것처럼 일제강점기에는 'Fusan'으로도 표기하기도 했다 ('Fusan'은 '부산'釜山의 일본어 발음을 표기한 것으로서 개화기 서양인들의 저술에서도 사용되었다).

이들 중 어느 것이 '부산'의 로마자 표기로 가장 적절할까?

한글의 로마자 표기법은 1959년에 처음 만들어져 사용되다가 1984년에 크게 바뀌었으며, 그 후 2000년에 다시 바뀌게 된다. 이 세 가지 표기법에는 여러 쟁점이 있는데, 이들을 핵심 쟁점 3가지와 기타 쟁점으로 나누어 살펴보기로 한다.

참고사항

한글을 로마자로 표기한 첫 번째 책

한글을 로마자로 표기한 최초의 책은 메드허스트Walter Henry Medhurst (1796-1857)가 1835년에 펴낸 『조선위국자휘』이다. 이 책은 조선시대 사역원에서 일본어 교재로 사용하던 『왜어유해』(18세기에 간행된 일본어 어휘집)와 일반인들이 한문 교재로 사용하던 『천자문』을 저본으로 삼아 각각에 한글로 표기된 발음을 로마자로 표기하고 그 뜻을 영어로 풀이해 펴낸 것으로서, 원래의 『왜어유해』 '日'(일) 부분을 보면 다음과 같다.

즉 사역원에서 사용하던 『왜어유해』에는 '日'(일)의 일본어 음독인 '시쯔'와 한국어 뜻과 한자음인 '날 일', 그리고 일본어 훈독인 '히'가 표시되어 있다.

이 부분이 메드허스트의 『조선위국자휘』에는 오른편에서와 같이 되어 있다.

즉 '日'(일)의 뜻을 영어로 'The Sun'으로 풀이한 뒤, 일본어 음독으로 표기된 '시쯔'를 로마자 'zīt's'로 표기하고, '日'(일)의 한국어 뜻과 한자음으로 표기된 '날 일'을 'nār ir', 일본어 훈독으로 표기된 '히'는 'hī'로 표기하고 있다.

2. 핵심 쟁점 1: 자음 'ㄱ/ㄷ/ㅂ/ㅈ' 관련

한글의 로마자 표기법과 관련하여 가장 큰 쟁점이 되어 온 것이 자음 'ㄱ/ㄷ/ㅂ/ㅈ'을 'g/d/b/j'로 쓸 것이냐 'k/t/p/ch'로 쓸 것이냐의 문제이다. 이 문제는 이 자음들이 초성으로 사용될 경우와 종성, 즉 받침으로 사용될 경우의 두 가지로 나누어 생각해 보아야 하나, 여기에서는 초성의 경우로만 한정해서 논의하기로 한다. 받침으로 사용될 경우에 대해서는 기타 쟁점으로 다루기로 하겠다.

1959년 한글의 로마자 표기법이 처음 만들어질 때는 'ㄱ/ㄷ/ㅂ/ㅈ'을 일관되게 'g/d/b/j'로 적었다. 따라서 '공주/대구/부산/전주'를 다음과 같이 적었다.

	1959년 안
공주	Gongju
대구	Daegu
부산	Busan
전주	Jeonju

그러다 1984년에, 1986년의 서울아시안게임과 1988년의 서울올림픽을 앞둔 당시 정부는 이들을 'k/t/p/ch'로 적도록 표기법을 바꾸었다. 이에 따라 '공주/대구/부산/전주'에 대한 표기도 다음과 같이 바뀌게 되었다.

	1959년 안	1984년 안
공주	Gongju	Kongju
대구	Daegu	Taegu
부산	Busan	Pusan
전주	Jeonju	Chŏnju

그런데 이는 주로 'ㄱ/ㄷ/ㅂ/ㅈ'이 단어 첫머리에 사용될 경우에 해당하는 것이었다. 이들이 모음을 비롯한 유성음 사이에서 나타날 때는 1959년 안에서처럼 'g/d/b/j'로 적었다. 이 때문에 같은 'ㄱ'이라도 '공주'의 '공'처럼 초성에서는 'k'로 쓰고, '대구'의 '구'에서는 'g'로 쓴 것이었다. '전주'에서 'ㅈ'을 '전'에서는 'ch'로, '주'에서는 'j'로 쓴 것도 마찬가지 이유에서이다. 그런데 1984년 안에서는 '전주'의 'ㅓ'를 'ŏ'로 표기한 것에서 보듯이 영어 알파벳 외의 특수 기호를 사용하였다. 이와 같이 1984년 안은 같은 글자를 위치에 따라 다르게 적고, 영어 알파벳 외의 다른 기호를 사용한다는 점에서 1959년 안보다 훨씬 복잡한 표기법이었다. 특히 'ŏ'에서 보듯이 일반 자판에 없는 기호를 사용함으로써 내외국인 모두에게 불편을 주는 표기법이었다. (모음 'ㅓ'의 표기에 대해서는 다음 절에서 두 번째 핵심 쟁점으로 다루기로 한다.)

이러한 문제점들 때문에 2000년에 이르러 정부는 'ㄱ/ㄷ/ㅂ/ㅈ'에 대한 표기를 1959년 안처럼 'g/d/b/j'로 되돌리는 조처를 취하였다.

	1959년 안	1984년 안	2000년 안 (현행)
공주	Gongju	Kongju	Gongju

	(1959년 안)	(1984년 안)	(2000년 안 (현행))
대구	Daegu	Taegu	Daegu
부산	Busan	Pusan	Busan
전주	Jeonju	Chŏnju	Jeonju

'부산'이 'Pusan'과 'Busan' 사이에서 오락가락한 것도 이 때문이었고, 이 바람에 '부산국제영화제'의 영어 약칭이 'PIFF'에서 'BIFF'로 바뀌게 된 것이다.

'ㄱ/ㄷ/ㅂ/ㅈ'의 표기와 불가분의 관계를 맺게 되는 문제가 'ㅋ/ㅌ/ㅍ/ㅊ'의 표기 문제이다. 1959년 안에서는 'ㅋ/ㅌ/ㅍ/ㅊ'을 다음과 같이 표기하였다.

	1959년 안
ㅋ	k
ㅌ	t
ㅍ	p
ㅊ	ch

그런데 1984년 안에서는 'k/t/p/ch'를 'ㄱ/ㄷ/ㅂ/ㅈ'에 사용하였으므로 'ㅋ/ㅌ/ㅍ/ㅊ'에 사용할 수가 없게 되었다. 이들을 표시하기 위해 '올린쉼표'(즉 영어의 어포스트로피)를 사용하였는데, 이를 '어깻점'이라고 불렀다.

	1959년 안	1984년 안
ㅋ	k	k'
ㅌ	t	t'
ㅍ	p	p'
ㅊ	ch	ch'

　이 역시 1984년 안이 일반인들에게 어렵다는 인식을 주게 만드는 요인이 되었다. 이런 문제들 외에도 1984년 안은 기본적으로 당시 미군들이 사용하던 '매큔-라이샤워 표기법'을 따른 것으로서 영어화자들이 한국어 소리를 어떻게 인식하느냐의 관점을 중시한 표기법이라고 할 수 있다. 즉, 한국인의 관점이 아니라 영어화자의 관점이 중시된 표기법이었다. 예를 들어 말하자면, 영어화자들이 한국어 발음 '부산'을 들을 때 초성의 'ㅂ'을 'p'에 가깝게 인식한다는 점을 중시한 표기법이었다. 그런데 이는 한국인이 로마자가 나타내는 소리를 어떻게 인식하느냐의 관점과는 괴리가 있는 표기법이었다. 한국어 초성의 'ㅂ'을 'p'로 인식하는 영어화자들과 달리 대부분의 한국인은 한국어의 'ㅂ'을 영어의 'b'로 인식하며, 영어의 'p'는 한국어의 'ㅍ'으로 인식한다. 따라서 한국인은 영어의 'g/d/b/j'는 한국어의 'ㄱ/ㄷ/ㅂ/ㅈ'으로, 'k/t/p/ch'는 'ㅋ/ㅌ/ㅍ/ㅊ'으로 인식한다. 이런 사실을 무시한 채 'k/t/p/ch'를 1차적으로 'ㄱ/ㄷ/ㅂ/ㅈ'에 대응시키는 1984년 안은 한국인의 입장에서는 애초부터 문제의 소지를 잉태하고 있었던 셈이라고 할 수 있다.
　2000년 안에서는 'ㅋ/ㅌ/ㅍ/ㅊ'에 대한 표기를 1959년 안으로 되돌렸다.

	1959년 안	1984년 안	2000년 안 (현행)
ㅋ	k	k'	k
ㅌ	t	t'	t
ㅍ	p	p'	p
ㅊ	ch	ch'	ch

'대구'는 'Taegu', '동대구'는 'Tongdaegu'?

1984년 표기법에서는 '대구'는 'Taegu'로 표기하면서 '동대구'Tongdaegu
의 '대구'는 'Daegu'로 표기하였다. 이는 같은 'ㄷ'이라도 그 앞에 유성
음이 나오는 경우에는 'd'로 썼기 때문이다 ('북대구'는 'Puktaegu'로 썼음).

같은 '대구'를 그 앞에 어떤 소리가 나오느냐에 따라 'Taegu'로도 쓰
고 'Daegu'로도 쓰는 1984년 안은 일관성이 결여되었다는 비판을 받
았다. 그런데 이 점 자체는 표기법 전체를 포기해야 할 만큼 치명적인
문제는 아니라고 할 수 있다. '동대구'의 '동'을 소리가 아닌 뜻을 살려
'East Taegu'라고 하면 '대구'나 '동대구'의 '대구'를 모두 'Taegu'로 써
서 일관성을 유지하게 할 수는 있었다.

그렇다고 해서 1984년 안의 근원적 문제, 즉 한국인이 로마자가 나타
내는 소리를 어떻게 인식하느냐의 관점보다는 영어화자들이 한국어

소리를 어떻게 인식하느냐의 관점을 중시한 표기법이라는 문제가 사라지는 것은 물론 아니다.

참고사항

'TK', 'PK'는 현행 공식 표기법에 따르면 'DG', 'BG'라고 해야

우리 사회에는 'TK' 출신이니, 'PK' 출신이니 하는 말이 심심치 않게 사용된다. 원래 'TK'라는 말은 '대구'의 'K' 고등학교 출신, 즉 대구의 경북고 출신을 일컫는 말이었으며, 'PK'는 '부산'의 'K' 고등학교, 곧 부산의 경남고 출신을 일컫는 말이었다.

이는 과거 소위 명문 고등학교 중에 '경기고', '경복고', '경북고', '경남고' 등 유독 'ㄱ', 즉 'K'로 시작하는 학교가 많아 이들을 구분하기 위해 'K1', 'K2', 'TK', 'PK' 등으로 구분해 부르던 것에서 유래한 것이다 ('경기고', '경복고'를 'K1', 'K2'로 부르는 것은 이 두 학교가 일제강점기에 각각 '경성제1고보', '경성제2고보'였기 때문이다).

그런데 요즈음에는 이 말들의 의미가 확장되어 대구와 경북 지역 출신이면 모두 'TK', 부산과 경남 지역 출신이면 모두 'PK'라고 부른다.

그리고 이는 우리나라 정치의 가장 후진적인 면, 즉 지역주의를 상징하는 말이 되어 버렸다.

오늘날의 공식 표기법에 따르면 '대구'와 '경북'은 각각 'D'와 'G'로 시작해야 하며, '부산'과 '경북'은 'B'와 'G'로 시작해야 한다. 다시 말해 'TK'니 'PK'니 하는 것은 '대구'를 'Taegu'로 쓰고, '부산'을 'Pusan'으로 쓰던 과거의 관행에 따른 것이다. 현재의 표기법에 따른다면, 'TK'는 'DG', 'PK'는 'BG'라고 해야 한다.

우리 사회의 가장 고질적 병폐 중의 하나인 지역주의를 타파하기 위해서라도 언론에서는 'TK'니 'PK'니 하는 말을 사용하지 말아야 한다. 무엇보다도 이는 현행 공식 표기법에 맞지 않는 표현이므로 언론에서 사용하면 안 되는 표현이다. 굳이 이 말들을 유지하고 싶어 하는 지역주의 정치인들이 있다면, 공식 표기법에 따라 'DG'니, 'BG'니 하는 말을 사용하도록 권하고 싶다. 'DG', 'BG'를 사용하기 시작하면 지역주의 정치인들 스스로 그 말들을 사용하지 말아달라고 부탁할 것 같기 때문이다.

개화기 서양인들의 'ㄱ/ㄷ/ㅂ/ㅈ' 표기

개화기인 19세기 말과 20세기 초에 서양인들이 국내로 들어오면서 한글 지명이 영어로 표기되기 시작하였다. 당시 서양인들의 국내 입국 관문이 인천의 제물포였다. 당시의 표기를 보면 '제물포'는 대체로 'Chemulpo'로 표기되었다 (일부에서는 'Chi-mul-po'라고 표기하기도 하였음). 즉 'ㅈ'이 'ch'로 표기되었다. 당시에 간행된 서적이나 사전 등을 보면 우리말 'ㄱ/ㄷ/ㅂ/ㅈ'은 대개 영어로 'k/t/p/ch'로 표기되었다. 이는 영어화자들의 귀에는 우리말 'ㄱ/ㄷ/ㅂ/ㅈ'이 영어의 'k/t/p/ch'에 가깝게 인식된다는 점을 뒷받침하는 것이다 (물론 예외가 있기는 하다).

그런데 당시에는 한글 자체의 표기법이 정립되지 못한 상태였으므로 한글의 로마자 표기법 역시 체계가 갖추어지지 못하였다. 따라서 상당수 지명의 표기가 쓰는 사람에 따라 다르게 표기되기도 하였다.

예를 들어 '경기도'의 경우 다음과 같이 다양한 표기가 발견된다.

> Kyöng Keui To (Lowell 1886, p. 104, p. 170)
>
> Kyung-gi-do (Gilmore 1892, p. 44)
>
> Kyöng-kwi Do (Bishop 1898, 색인 중, 본문 p. 75에는 'Kyöng-kivi Do'로 나와 있는데 오식으로 보임),
>
> Kyöng-keui Province (Hamilton 1904, p. 119)
>
> Giunggi Do (Ross 1891, p. 395)

한국인 최초로 영문법 저서를 저술한 이기룡과 윤치호도 그들의 책에서 '경기도'를 영어로 적었는데, 그들의 표기는 각각 다음과 같다.

Kiungkito (이기룡 1911, p. 60)

Kyeng Kui Do (윤치호 1911, p. 146)

6.25동란 때 일어난 장진호 전투의 영문 표기: '장진'이 'Chosin'?

1950년 11월 미 해병대와 중공군 사이에 벌어진 '장진호 전투'의 영문 명칭은 'the Battle of Chosin Reservoir'이며, 이 전투에 참가한 미군들을 'the Chosin Few'라고 부른다. 여기서 'Chosin'은 '장진'長津의 일본어식 발음이다.

6.25동란은 해방 이후에 일어났지만, 당시 미군이 사용하던 지도에 '장진'이 한국어 발음이 아닌 일본어 발음으로 표기되어 있었기 때문에 생긴 일인데, 지금도 영어로 이 전투를 가리킬 때 'Chosin'이라는 표기가 일반적으로 사용되고 있다.

일제로부터 해방되고 6.25동란이 발발한지 두 세대 이상이 흐른 지금까지 한반도에서 일어난 전투의 영문 표기가 일본어식 발음을 따르고 있다는 것은 납득하기 어렵다. 도대체 그동안 정부에서 무엇을 했는지 묻고 싶은 심경이다. '김치'를 일본어식으로 'kimuchi'라고 표기하는 것에는 반발하는 한국 사회가 이 문제에는 왜 조용한지 모르겠다. 만시지탄의 감이 있지만, 지금부터라도 'Chosin'을 우리말 발음인 'Jangjin'으로 바꾸기 위해 국민적 노력이 있어야 할 것이다.

3. 핵심 쟁점 2: 모음 'ㅓ/ㅡ/ㅢ' 관련

자음의 경우 'ㄱ/ㄷ/ㅂ/ㅈ'이 핵심 쟁점이 되어 왔다면, 모음의 경우에는 'ㅓ/ㅡ/ㅢ' 그 중에서도 특히 'ㅓ'와 'ㅡ'가 핵심 쟁점이 되어 왔다. 1959년 안에서는 이들을 다음과 같이 표기하였다.

	1959년 안
ㅓ	eo
ㅡ	eu
ㅢ	eui

그런데 이들로부터 한국어의 'ㅓ/ㅡ/ㅢ' 발음을 유도해 내는 것은 쉽지 않은 일이다. 대부분의 외국인들은 모음 두 개가 겹쳐 있는 'eo'나 'eu'를 한국어 'ㅓ'나 'ㅡ'와는 다르게 발음한다. 한국인 중에는 'eo'의 경우 '서울'에 해당하는 영어 표기가 'Seoul'이다 보니, 이를 'Seo-ul'로 분석해 자연스러운 표기라고 생각하는 사람도 많다. 그러나 'Seoul'은 원래 프랑스어 표기였다. 프랑스어에서는 'ㅜ'를 'ou'로 표기한다. 따라서 'Seoul'은 'Se-oul'(쎄-울)을 표기한 것이지, 'ㅓ'를 'eo'로 표기한 것이 아니었다.

1959년 표기법에서는 '여의도'가 다음과 같이 표기된다.

	1959년 안
여의도	Yeoeuido

당시 'Yeoeuido'라고 적힌 도로표지판을 '여의도'라고 읽을 외국인이 과연 얼마나 되겠느냐는 지적이 있기도 하였다 (참고로 당시 한국에 거주하는 외국인들은 '여의도'를 'Yoido'라고 표기하였다).

이런 점 등을 감안해 1984년 안에서는 'ㅓ/ㅡ/ㅢ'를 다음과 같이 표기하였다.

	1959년 안	1984년 안
ㅓ	eo	ŏ
ㅡ	eu	ŭ
ㅢ	eui	ŭi

'ŏ'는 'ㅓ'가 'o' 모음과 유사하면서도 차이가 있음을 나타나기 위해 '반달표'라고 불리는 특수 기호diacritic를 그 위에 덧붙인 것이다. 'ŭ' 역시 'ㅡ'가 'u' 모음과 유사하면서도 차이가 있음을 나타내기 위해 같은 특수 기호를 덧붙였다. 오늘날과 같이 컴퓨터가 일반화되기 이전인 당시에는 이런 기호가 일반 타자기 자판에 없어 문제가 되었으며, 특히 외국인들이 한국의 인명이나 지명을 표기하는 데 어려움을 준다는 등의 이유로 2000년 안에서는 1959년 안과 유사하게 다시 바뀐다.

	1959년 안	1984년 안	2000년 안 (현행)
ㅓ	eo	ŏ	eo
ㅡ	eu	ŭ	eu
ㅢ	eui	ŭi	ui

즉 'ㅓ'와 'ㅡ'는 1959년 안과 동일하게 각각 'eo'와 'eu'로 적고, 'ㅢ'만 'eui'에서 'ui'로 바뀌었다.

한글의 로마자 표기와 관련하여 가장 해결하기 어려운 문제가 바로 'ㅓ'와 'ㅡ'의 문제인 것으로 생각된다. 공식 표기와 일반인들의 표기를 일치시키기 어려운 부분도 바로 'ㅓ'와 'ㅡ'이다. 뒤의 참고사항에서 설명하겠지만 여기에는 여러 문제가 복합되어 있다.

그동안의 논쟁 역사를 살펴보면 특수 기호를 사용하지 않고 이 문제를 깨끗이 해결하는 방법은 없는 것으로 보인다. 따라서 현행 안을 존중하되 공식 표기에서 이를 설명하는 방법을 강구하는 것이 바람직할 것으로 생각된다.

현행 공식 표기법에서 단순 모음 표기를 위해 두 개의 기호를 사용하는 것은 'ㅓ'eo와 'ㅡ'eu뿐이다. 그런데 음성학적으로 'ㅓ'는 'o'와 유사하고, 'ㅡ'는 'u'와 유사하다. 그 때문에 1984년 안에서 이 두 모음을 표시하기 위해 'o'와 'u' 위에 반달표를 붙인 것이다. 따라서 'eo'와 'eu'는 각각의 모음을 읽기 위한 것이 아니라, 즉 이중 모음이 아니라, 'ㅓ'와 'ㅡ'의 음성학적인 특징을 나타내기 위한 것으로 설명하는 편이 나을 것으로 생각된다.

군이 음성학적인 설명을 덧붙인다면 'ㅓ'와 'ㅡ'는 혀의 앞뒤 위치를 따져볼 때 중설모음central vowel, 즉 가운데에서 소리 나는 모음이며, 'o'와 'u'는 후설모음back vowel, 즉 뒤에서 소리 나는 모음이다. 그런데 'e'는 전설모음front vowel, 즉 앞에서 소리 나는 모음이다. 따라서 'eo'를 'o' 모음을 앞으로 당겨서 내는 소리, 'eu'를 'u'를 앞으로 당겨서 내는 소리로 이해하게 하면, 다시 말해 'eo'와 'eu'의 'e'를 뒷모음을 앞으로 당겨주는 표시로 삼게 하면, 나름대로 음성학적인 타당성을 갖추게 될 것이다.

'—'를 'eu'로 표기하게 된 까닭

우리말 '—'를 'eu'로 표기하는 것은 프랑스 파리외방전교회 소속 선교사들에 의해 1880년에 출간된 『한불ㅈ뎐』韓佛字典, *Dictionnaire Coreén-Français*의 영향 때문이다.

다음은 그 사전에 나와 있는 모음 대조표이다.

ㅏ, ㅑ, ㆍ, ㅓ, ㅕ, ㅡ, ㅣ, ㅗ, ㅛ, ㅜ, ㅠ.
A, YA, Ă, E, YE, EU, I, O, YO, OU, YOU.

한글 모음 아래의 로마자 표기는 각각에 대응하는 프랑스어 표기이다. 따라서 '—'를 'eu'로 표기하는 것은 영어식 표기라기보다는 프랑스어식 표기라고 보아야 한다.

이에 따라 개화기 한국에 들어와 영어 사전이나 한국어 문법책을 펴낸 영미인들도 '—'를 'eu'로 표기하였다. 다음은 John W. Hodge가 펴낸 *Corean Words and Phrases* 2판 (1902년 발행)의 내용 중 일부이다. (그는 'ㅢ'는 'eui'로 표기하였다.)

Gold Keum 금.
Apple ' Neung-gum, 능금

'능금'에서 보듯이 '—'를 일관되게 'eu'로 표기한 것은 아니고 (첫째 글자 '능'의 '—'는 'eu'로 적으면서 둘째 글자 '금'의 '—'는 'u'로 적음), 경우에 따라 'u'나 'oo' 등으로 표기하기도 하였다. ('ㅓ'는 사전 앞부분 설명에서는 'ŏ'로 표기한다고 하고 실제로는 'o'나 'e' 등으로 표기하였다.)

Hodge보다 앞서 나온 James Scott의 *A Corean Manual or Phrase Book* 2판 (1893년 발행)에서도 'ㅡ'를 'eu'로 표기하였다. 다음은 그 책 머리말 앞부분이다. (Hodge와 Scott가 그들의 책 제목에서 오늘날 'Korean'으로 쓰는 것을 'Corean'으로 쓴 것이 특기할 만하다.)

즉 '니은', '리을' 등의 'ㅡ'를 일관되게 'eu'로 표기하고 있다.

오늘날 연세대학교의 전신인 연희전문학교를 세운 Horace Grant Underwood도 1914년에 나온 그의 『션영문법』鮮英文法, *An Introduction to the Korean Spoken Language* 13쪽에서 'ㅡ'에 대해 다음과 같이 설명하고 있다.

> 20.—으. Here we have the sound of the French eu, as in *feu* (fire)
> Ex. 그, keu, *(that)*; 그늘, keu-neul, *(shade)*; 늙은이, neulk-eun-i, *(an old man)*.

영어 설명에서 보듯이 '一'를 프랑스어의 'eu' 발음에 해당하는 것으로 보고 있다. 즉 '一'를 'eu'로 표기하는 것은 1959년 안에서 비롯된 것이 아니고, 개화기 프랑스 선교사들의 영향 때문이라고 할 수 있다.

참고로 『한불ᄌ뎐』이 나오기 이전인 1877년에 발행된 John Ross의 한국어 교재 *Corean Primer*에서는 다음에서 보는 것처럼 '一'를 'u' 로 적고 있다.

'ㄹ'과 'ㅂ' 등의 모습이 이상한 것은 저자의 한국어 지식이 불충분한 상태에서 이 책이 저술되었기 때문으로 보인다. 그러나 기본적으로 한국어 '一'를 영어의 'u'로 표기한 것은 확인할 수 있으며, 이 외 본문에서도 '一'를 'u'로 표기하고 있다. (앞에서 본 Hodge와 Scott의 경우처럼 여기서도 'Korean'을 'Corean'으로 쓴 것이 특기할 만하다.)

일제강점기 중에도 '一'를 영어 'eu'로 표기하기도 하였다. 다음은

1922년 4월 8일자 동아일보에 실린 광고이다. '금문양행'의 '금문'을
'Keum Moon'으로 표기하고 있다.

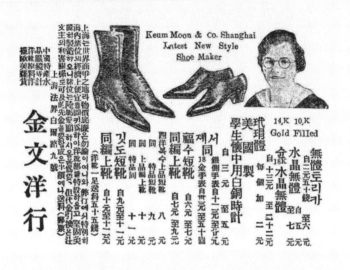

개화기 서양인들의 'ㅓ' 표기

Underwood는 1914년에 나온 그의 『션영문법』에서 'ㅓ'에 대해 다음
과 같이 설명하고 있다.

16.—어. This vowel has two sounds.

(1) That of the regular English short ŏ seen in *not, odd, etc.*

Ex. 얼핏, ŏl-hpit, (*quickly*); 어듸, ŏ-dai, (*where*); 업소, ŏp-sŏ, (*to carry on the back*).

(2) That of the German ö, or the English *ur* of *urn.*

Ex. 어루신녁, ö-rŏ-si-nai, (*father*); 어룬, ö-run, (*adult*), and 업소, öp-sŏ, (*to be lacking, to be not*).

즉 1984년 안에서처럼 'ㅓ'를 'ŏ'로 표기하는 것 역시 서양 선교사들의 영향 때문이다. (Underwood는 'ㅓ'를 'ö'로 표기하기도 하였다.)

그런데 Ross는 그의 1877년 저서 *Corean Primer*에서 'ㅡ'뿐 아니라 'ㅓ'도 'u'로 표기하고 있다. (로스 목사가 서양 선교사의 한국어 학습을 돕기 위해 저술한 이 책은 지역적으로 북한 지방의 방언을 반영하고 있으며, 한글 맞춤법이 제정되기 이전의 표기이므로 오늘날의 표기와 차이가 많이 난다.)

달은 거슨 엽

darun   gusun   upda.

Anything   else   there is not.

어듯케 왔슴마

udutkê   wassumma.

How   have you come?

걸어 왔슴메

guru   wassummê.

Walking   come.

즉 'ㅡ'와 함께 '거', '어', '걸어' 등의 'ㅓ'를 'u'로 표기하고 있다.

1880년에 출간된 『한불ㅈ뎐』에서는 다음의 모음 대조표에서 보듯이 'ㅓ'를 'e'로 표기하였다.

ㅏ, ㅑ, ㆍ, ㅓ, ㅕ, ㅡ, ㅣ, ㅗ, ㅛ, ㅜ, ㅠ.
A, YA, Ă, E, YE, EU, I, O, YO, OU, YOU.

이 당시 서양인들이 저술한 문헌이나 사전에는 'ㅓ'가 'o'나 'u'로 적혀 있고, 'eo'로 적혀 있는 경우는 없다. 'ㅓ'를 'eo'로 표기하는 것은 위의 모음 대조표에 따라 '서울'을 'Se-oul'로 표기한 프랑스어식 표기를 'Seo-ul'로 잘못 분석한 때문이다.

앞에서 'ㅡ'를 'eu'로 표기하는 것 역시 개화기 프랑스 선교사들의 영향 때문이라고 한 것을 감안하면, 오늘날 한글의 로마자 표기와 관련하여 핵심 쟁점 중 하나로 남아 있는 'ㅓ'와 'ㅡ'의 표기 문제는 결국 프랑스어식 표기와 관련이 있는 셈이라고 할 수 있다.

참고로 'ㅓ'가 들어가는 '조선'을 개화기에는 다음과 같이 표기하기도 하였다.

Chō-sen (Griffith 1894, p. xiii)

Cho Son (Gilmore 1892, p. 10)

Chosen (Allen 1901, p. 2)

Chosön (Lowell 1886 표지, Gale 1898, p. 82)

Cho-sŭn (Hulbert 1905 vol. 1, p. 206)

'서울'의 로마자 표기

앞에서도 언급한 바와 같이 '서울'을 'Seoul'로 표기하는 것은 프랑스어식 표기이다 (즉 'Se-oul'의 표기). 그리고 이 표기가 개화기 서양인들의 문헌에 절대적으로 반영되었다. 그렇다고 해서 '서울'이 'Seoul'로만 표기된 것은 아니다. 드물기는 하지만 다음과 같은 표기도 보인다.

Söul (Lowell 1886, p. 54)

Sheool (Ross 1891, p. 395)

'Söul'은 'ㅓ'를 'ö'로 표기한 것이며, 'Sheool'은 'oo'가 'ㅜ'를 표기한 것이므로 'She-ool'을 의도한 표기이다. 다음은 Lowell 책과 Ross 책의 해당 표기가 나오는 부분이다.

CHAPTER VI.
THE JOURNEY UP TO SÖUL.

Lowell의 1886년 저서 *Choson, the Land of the Morning Calm* 54쪽 6장 제목 부분. '서울'이 'Söul'로 표기되어 있다.

> This river separates Pingan Do from HWANGHAI DO,
> the capital of which, Whangjoo, is crossed on the road; and 400
> li from Pingyang, bring the traveller to Hiwngdao city. The
> large river Linjang is only thirty li south-east of Hiwngdao, after
> crossing which Sheool ("The Capital") is entered,—in all, 1000
> li from Aichow. Sheool, the ancient Hanchung, which name it
> still retains as a prefectural city, is the capital of the province of
> GIUNGGI DO.*

Ross의 1891년 저서 *History of Corea* 395쪽 중 일부. '서울'이 'Sheool'로
적혀 있다. 책 제목에 '한국'을 'Corea'로 쓴 것이 특기할 만하다.

'Korea'인가 'Corea'인가?:

오늘날 '한국'을 영어로 표기할 때는 누구나 'Korea'를 쓴다. 그러
나 앞에서 언급한 Ross의 1891년 저서 *History of Corea*, 1877년 저
서 *Corean Primer*, 1893년에 발행된 Scott의 *A Corean Manual or
Phrase Book* 2판 등에서 보듯이, 개화기에는 'Corea'라는 철자를 쓰
기도 했다. 다음은 구글의 엔그램 뷰어를 사용해 이 두 철자의 시대
별 빈도를 조사한 표이다.

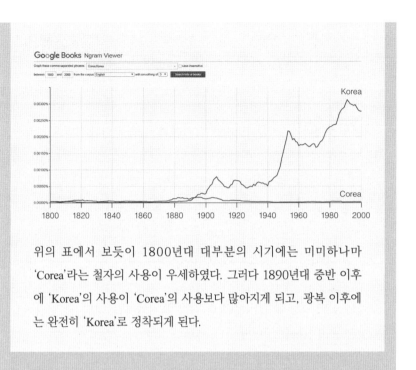

위의 표에서 보듯이 1800년대 대부분의 시기에는 미미하나마 'Corea'라는 철자의 사용이 우세하였다. 그러다 1890년대 중반 이후에 'Korea'의 사용이 'Corea'의 사용보다 많아지게 되고, 광복 이후에는 완전히 'Korea'로 정착되게 된다.

4. 핵심 쟁점 3: 글자 옮기기 대 소리 옮기기

이제까지의 논의에 따르면 2000년 안은 기본적으로 1959년 안으로 되돌아간 것처럼 여겨질 수도 있을 것이다. 그러나 이 두 안 사이에도 중요한 핵심 쟁점이 자리하고 있다. 이야기를 진행하기에 앞서 각각의 표기법에 따를 때 '종로'가 로마자로 어떻게 표기되는지를 살펴보기로 하자.

	1959년 안	1984년 안	2000년 안 (현행)
종로	Jongro	Chongno	Jongno

단어 첫머리의 'ㅈ'을 1959년 안에서는 'j'로 쓰다가, 1984년 안에서는 'ch'로 쓰고, 2000년 안에서는 다시 'j'로 되돌렸다. 그럼에도 불구하고 1959년 안과 2000년 안에는 차이가 있다. 즉 1959년 안에서는 'ㄹ'을 'r'로 썼으나, 2000년 안에서는 'n'으로 쓴다. 그런데 2000년 안에서도 '구리'라는 지명을 'Guri'라고 쓰듯이 기본적으로 'ㄹ'을 'r'로 쓴다. 2000년 안에서 '종로'의 'ㄹ'을 'n'으로 적는 것은 '종로'의 발음이 '종노'임을 표기하기 위함이다. 즉 '종로'를 로마자로 표기함에 있어 1959년 안에서는 '종로'의 철자를 각각 표기했지만, 2000년 안에서는 그 발음을 표기하는 것이다.

이렇듯이 1959년 표기법과 그 후의 1984년/2000년 표기법 사이에는 각각의 '글자'를 옮겨 적을지, '발음'을 옮겨 적을지와 관련한 쟁점이 숨어 있는 것이다. 각각의 글자를 옮겨 적는 것을 영어로는 'transliteration' 즉 '글자 옮기기'(글자 적기, 전자)라고 하며 ('transliteration'은 'letter' 즉 각각의 글자를 옮긴다는 뜻임), 실제 발음을 옮겨 적는 것을 'transcription' 즉 '소리 옮기기'(소리 적기, 전사)라고 한다. 1959년 안에서는 '글자 옮기기' 원칙을 채택하였으나, 1984년 안과 2000년 안에서는 '소리 옮기기' 원칙을 채택한 것이다.

1959년에 도입된 글자 옮기기 원칙이 1984년 안에서 소리 옮기기 원칙으로 바뀐 것은 외국인에게 가급적 정확한 한국어 발음을 전달하기 위함이라는 뜻도 있지만, '독립문'이 1959년 안에 따르면 'Dog Rib Mun'으로 표기되어 'dog'(개), 'rib'(갈비)라는 부정적 의미를 내포하게 되었기 때문이기도 하다. 오른편에 있는 것은 이 점을 지적한 1982년 12월 23일자 동아일보 독자 투고란에 실린 글이다.

이 점을 굳이 지적하는 것은 우리 사회에는 작거나 예외적인 것을 근거로 큰 틀 자체를 흔드는 경우가 종종 있기 때문이다. 1959년 표기법뿐 아니라 1984년 그리고 현행 2000년 표기법에도 여러 종류의 문제들이 있다. 그것은 한국어 소리 체계와 영어 소리 체계가 서로 달라 두 언어 간에 완벽한 1:1 대응이 불가능하기 때문이다. 따라서 어떤 방식을 택하더라

獨立門표기 「DOG RIB MUN」 外國人에 「개갈비문」오해우려

친구집으로 가고있을때의 일입니다. 서울서대문 로터리를 지나 독립문앞 정류장에서 내려 독립문 앞을 지나게 되었을때 요즘 한창인 독립기념관건립을 위한 성금모으기 운동이 생각이나 독립문을 자세히 살피게 되었습니다.

원래의 위치에서 그 자리로 옮겨진 점이나 그 근처로 지나는 고가도로가 S자로 휘어진 점을 차치하고라도 독립문의 위치를 알리는 교통안내 표지판의 영자표기만은 정말로 고쳐야 되겠다고 느꼈습니다. 독립문앞에 세워져 있는 안내문의 영자표기에는 「TOK RIP MUN」이라고 되어있어서 영어식으로 발음하기가 힘들다고 생각하고 웃어 버렸지만 네거리 교통(길)안내 표지판의 영자표기에는 「DOG RIB MUN」으로 되어 있지 않겠읍니까.

처음의「DOG」의 단어때문에 엉터리 총견기사 생각이나 다음단어「RIB」은 사전에서 찾아보니 「rib—녹골 갈비」라고 풀이가 되어 있더군요. 그렇다면 그 말은 「개갈비」「개늑골」이란 뜻이 되는 셈인데 이런것도 망신이 아닐는지요. 길안내판의 영자표기는 누구에게 알리기위한 것입니까. 外國人을 위해서 써놓은 것일터인데 그들이 보고 무어라고 생각할 것입니까. 독립문의 「독립」이라는 의미를 다른말로 바꾸어서 써 넣었다면 「개갈비문」이라는 뜻으로는 들리지 않을 것입니다. 제대로의 정정을 바랍니다.

이 진 용<서울江南구三成동 성보APT B동701호>

도 완벽할 수는 없다. 우리는 단지 가장 합리적이고 실용적인 방법을 택해 쓸 수밖에 없는 것이다. 그 과정에서 불가피하게 발생하는 문제점들은 나름대로 현명하게 대처해 가면 된다. 예를 들어 '독립문'이 'Dog Rib Mun'(혹은 'Dogribmun')으로 표기되어 의미상 부적절한 연상을 하게 된다면, 굳이 소리를 표기할 것이 아니라 'The Independence Gate'라고 뜻을 번역해 표기하는 것도 방법일 것이다.

(1970년대에는 당시로는 고급인 '거북선'이라는 상표의 담배가 있었는데, 이를 당시의 로마자 표기법에 따라 'Geobugseon'이라고 표기하였다. 이 'Geobugseon'을 외국인이 '거북선'이라고 발음하지 못하고 '죠벅션'처럼 발음한다며 국회에

서 대정부 질의를 하는 일까지 있었다. 이런 일들이 누적되어 1986년의 서울 아시안게임과 1988년의 서울올림픽을 앞두고 1984년에 한국어 로마자 표기법이 전면적으로 개편된 것이었다. 그러나 이것이 2000년에 다시 1959년 안과 유사한 형태로 되돌아오게 되었으니, 일부 문제가 있다고 전체 틀을 바꾸는 일을 반복하기보다는 일단 정해진 표기법을 유지하되 불가피한 문제는 그것대로 대처해 나가는 것이 현명하리라 생각한다.)

1984년 안에서는 '독립문'을 'Tongnimmun'으로 표기하였다. 이는 '독립문'의 발음인 '동님문'을 적는 '소리 적기' 방식을 따르되, 단어 첫머리의 'ㄷ'을 't'로 적었기 때문이다. 그런데 2000년 안에서는 '독립문'을 소리 나는 대로 '동님문'으로 적되, 단어 첫머리의 'ㄷ'을 'd'로 적어 'Dongnimmun'으로 적는다.

	1959년 안	1984년 안	2000년 안 (현행)
독립문	Dogribmun	Tongnimmun	Dongnimmun

'강릉', '청량리', '속리산' 등의 표기를 비교하면 다음과 같다.

	1959년 안	1984년 안	2000년 안 (현행)
강릉	Gangreung	Kangnŭng	Gangneung
청량리	Cheongryangri	Chŏngnyangni	Cheongnyangni
속리산	Sogrisan	Songnisan	Songnisan

즉 1959년 안에서는 한국어 글자와 로마자 글자를 1:1로 변환시키

는 '글자 옮기기' 원칙을 택하였으나, 1984년 안과 현행의 2000년 안에서는 한국어 발음을 로마자로 옮기는 '소리 옮기기' 원칙을 택한 것이다. 소리를 옮기는 경우에는 한국어 발음에 가깝다는 장점이 있으나, 로마자 표기를 근거로 원래의 한글 표기를 회복하는 일이 어려울 수 있다. 다시 말해 현행의 'Dongnimmun'이나 'Jongno'를 보고 한국어에 서툰 외국인들은 이를 '동님문'이나 '종노'로 변환할 가능성이 있다. 이에 비해 '글자 옮기기'를 하는 경우에는 주어진 로마자 표기를 근거로 정확한 한글 철자를 유추해 낼 수 있다. 따라서 이 둘 간의 차이도 어느 한 쪽이 특별히 우월하다기보다는 단지 어떤 원칙을 따를 것인지 선택의 문제라고 해야 할 것이다.

(참고: 도로명 주소에서 도로 이름을 지칭하는 경우에는 '종로'를 'Jong-ro'로 적기도 한다.)

참고사항

개화기 서양인들도 소리 적기를 하였다

개화기 서양인들도 대개 발음을 옮겨 적는 방식을 택하였다. 예를 들어 '전라도'의 '전라'를 다음과 같이 표기하였다.

Chulla (Griffith 1984, p. 198; Allen 1901, p. 5)

Chul-la (Bishop 1898, p. 306)

Chŏlla (Gale 1898, p. 248)

Chŭl-la (Hulbert 1905 vol. 1, p. 297)

Julla (Ross 1891, p. 395)

즉 '전라'의 철자를 고려하지 않고 그 발음인 '절라'를 로마자로 표기하였다.

또 '신라'도 '실라'라는 발음을 적었다.

Silla (Allen 1901, p. 1, 같은 쪽에서 'Shinra'라고 적기도 함)

Sil-la (Hulbert 1905 vol. 1, p. 35)

'종로'의 경우도 그 발음인 '종노'를 표기하였다.

Chong No (Gilmore 1892, p. 163)

'전라도'의 영문 표기와 관련해 한국인 최초의 영어 통역관을 지낸 윤치호는 1911년에 나온 그의 저서 『영어문법첩경』에서 'Jun La Do'라고 표기해 (p. 146), 소리보다는 글자를 중시하는 입장을 보였다.

5. 기타 쟁점들

이 외에도 한글의 로마자 표기법과 관련해서는 다음과 같은 쟁점들이 있어 왔다.

5.1. 받침의 'ㄱ/ㄷ/ㅂ'

받침의 'ㄱ/ㄷ/ㅂ'과 관련해서, 글자 옮기기 원칙을 고수한 1959년 안에서는 이들을 초성에서와 마찬가지로 'g/d/b'로 적었다. 그러나 1984년 안과 2000년 안에서는 이들을 'k/t/p'로 적는다.

	1959년 안	1984년 안	2000년 안 (현행)
받침의 'ㄱ'	g	k	k
받침의 'ㄷ'	d	t	t
받침의 'ㅂ'	b	p	p

각각의 표기법에 따르면, '박'씨 성의 공식 로마자 표기는 다음과 같다.

	1959년 안	1984년 안	2000년 안 (현행)
박	Bag	Pak	Bak

모두 통상적인 '박'씨 성의 영문 표기인 'Park'와는 차이가 있다. 'Park'가 가장 흔한 표기이지만, 'Pak'이나 'Bak', 'Bahk'으로 쓰기도 하며, 드문 경우이기는 하지만 'Bag'으로 쓰는 사람도 있다. 실제로 몇 년 전 내 수업을 들은 학생은 자신의 아버지 때부터 자기 가족들은 여권에 이름을 'Bag'으로 적는다며 여권 사본을 보여주기도 하였다. 아마도 그의 아버지가 처음 여권을 만들 때 당시의 표기법에 따라 'Bag'으로 적었기 때문일 것이다. 덕분에 그의 가족들이 '가방 가족'the Bags이 된 셈이다. 대부분의 한국인이 자기 성을 'Park'로 쓰는 것은 박정희 대통령이 자기 이름을 'Park Chung Hee'라고 표기하면서부터일 것으로 추정된다.

5.2. '시'

'시'에 대한 각각의 표기법에 따른 표기는 다음과 같다.

	1959년 안	1984년 안	2000년 안 (현행)
시	si	shi	si

각 표기법에 따라 '신', '시흥', '신라', '왕십리'를 표기하면 다음과 같다.

	1959년 안	1984년 안	2000년 안 (현행)
신	Sin	Shin	Sin
시흥	Siheung	Shihŭng	Siheung
신라	Sinra	Shilla	Silla
왕십리	Wangsibri	Wangshimni	Wangsimni

1959년 표기법 문제 중 하나로 '신숙주' 등 '신'씨 성을 'Sin'으로 표기하는 경우 '죄/죄악'의 뜻을 연상시킨다는 것이 지적되기도 하였다. 그러나 1984년 안에 따른 'Shin'이라는 표기도 '정강이'라는 뜻을 연상시키므로 유사한 문제를 갖고 있다고 하겠다. 개인 성씨를 로마자로 어떻게 표기할 것인지는 개인의 선택에 맡겨도 되므로 이런 문제를 표기법 전체를 바꾸어야 하는 논리로 삼아서는 안 된다고 생각한다. '신'씨의 경우 'Sheen'(윤, 광택)으로 쓰면 부정적 의미를 피할 수 있으며, 'Sinn' 등의 철자를 사용할 수도 있다.

'시흥'의 경우는 '시'와 'ㅡ'를 어떻게 표기하느냐에 따라 차이가 나타난다.

'신라', '왕십리'의 경우는 3가지 표기법이 모두 다른데, 이는 '시'를 어떻게 표기할 것인지의 문제와 '글자'를 옮길 것인지 '소리'를 옮길 것인지의 문제가 중첩되기 때문이다. 즉 1959년 안은 실제 발음과 무관하게 '신라'의 'ㄴ'과 'ㄹ'을 'n'과 'r'로 표기했지만, 1984년 안과 2000년 안은 '신라'의 발음인 '실라'를 표기하기 때문이다. '왕십리'의 경우도 철자 '왕십리'를 표기할 것인지, 발음 '왕심니'를 표기할 것인지, 또 받침의 'ㅂ'을 어떻게 표기할 것인지에 따라 차이가 나타나는 것이다.

5.3. 'ㄲ/ㄸ/ㅃ/ㅉ'과 'ㅆ'

된소리 'ㄲ/ㄸ/ㅃ/ㅉ'은 각 표기법에 따라 다음과 같이 표기되었다.

	1959년 안	1984년 안	2000년 안 (현행)
ㄲ	gg	kk	kk
ㄸ	dd	tt	tt
ㅃ	bb	pp	pp
ㅉ	jj	tch	jj

이들은 인명이나 지명 등 고유명사에서는 거의 사용되지 않으므로 구체적 예는 보이지 않기로 한다. 그러나 특히 단어 첫머리에서 'g/d/b'나 'k/t/p', 'j'를 겹쳐 쓰는 일은 유럽어에서는 별로 없는 것이므로 외국인의 눈에는 이런 철자들이 생소하게 보일 것으로 여겨진다.

다음은 'ㅆ'의 경우이다.

	1959년 안	1984년 안	2000년 안 (현행)
ㅆ	ss	ss	ss

'ss' 역시 단어 첫머리에서는 매우 이례적인 철자라고 할 수 있다. 현재 '쌍용'이라는 업체에서 'SsangYong'이라는 표기를 사용하고 있는데, 영어의 's'는 모음 앞에서는 우리말의 'ㅆ'과 유사하므로 '쌍'을 표기하기 위해 굳이 's'를 두 번 쓸 이유는 없다. 이는 단지 한국어의 'ㅅ'과

'ㅆ'을 구별하기 위함인데, 한글 인명이나 지명에 'ㅆ'이 사용되는 일은 극히 드물다고 할 수 있으므로, 여기서 군이 논의하지는 않기로 한다. (엄밀하게 말하면 영어의 's'는 'small'이나 'sky'에서처럼 자음 앞에 나타날 때는 우리말의 'ㅅ'과 유사하고, 'same'이나 'soon'에서처럼 모음 앞에 나타날 때는 'ㅆ'과 유사하다. 따라서 '수'처럼 모음 앞에 'ㅅ'이 나타날 때 이를 영어의 's'로 적으면, 즉 'su'로 적으면, 이는 '수'보다는 '쑤'에 더 가까운 표기가 된다. 따라서 한국어의 'ㅆ'을 'ss'로 적는 것은 기계적인 구별에는 도움을 줄지 몰라도, 음성학적으로는 아무 도움이 되지 않는다.)

5.4. 음절 구분에 혼란이 있을 경우

'동아'처럼 받침의 'ㅇ' 다음에 모음이 나오는 경우에 이를 그냥 'Donga'라고 적으면 이것이 '동아'를 적은 것인지 '돈가'를 적은 것인지 혼란을 줄 수가 있다. 이런 혼란을 방지하기 위해 'Dong-a', 즉 덧금(하이픈)을 사용해 적으면 혼란을 막을 수 있다. (실제로 '동아일보'는 'The Dong-A Ilbo'라는 영문 이름을 사용한다.) 'gaeul'의 경우도 '가을'인지 '개울'인지를 구분하기 위해 'ga-eul', 'gae-ul'로 구분해 적을 수 있다.

'중앙대학교'의 경우 'Chung-Ang University'라는 영문 이름을 사용하고 있는데 (이 영문 표기 자체는 이제까지 논의한 세 가지 표기법과 무관하게 사용되어 오던 것이나, 1984년 표기법과 동일함), 덧금(하이픈) 없이 'Chungang'이라고 적으면 '준강'(혹은 '춘강'이나 '천강')이라고 읽을 수도 있으므로 이런 오해를 막기 위해 덧금을 사용해 'Chung-Ang'이라고 표기하는 것이다. ('동아대학교'도 'Dong-A University'라는 영문 이름을 사용한다.)

우리나라 대학들의 영문 이름

우리나라 대학들 중에는 최초의 공식 로마자 표기법인 1959년 안이 나오기 이전부터 영문 표기를 사용한 학교가 많다. 따라서 상당수 대학들의 영문 표기가 공식 표기법과 차이가 난다. 예를 들어 '연세대', '고려대', '이화여대'의 영문 표기는 각각 다음과 같다.

연세대   Yonsei University

고려대   Korea University

이화여대   Ewha Womans University

'연세'를 'Yonsei'로, '고려'를 'Korea'로, '이화'를 'Ewha'로 쓰는 것은 앞에서 소개한 세 가지 표기법 중 어디에도 해당하지 않는다.

'이화여대'의 경우에는 'Woman' 다음에 올린쉼표(어포스트로피)를 붙이지 않은, 즉 영어 어법에 맞지 않는 표기를 공식적으로 사용한다.

'고려대'를 영문으로 'Korea University'로 표기하는 것은 '고려'의 소리 자체를 정확하게 표기하는 것보다 오히려 학교 이름의 상징성을 더 크게 하는 효과를 준다. 이에 비해 '한국외국어대'의 경우에는 '한국'을 'Korea'로 옮길 수 있음에도 불구하고 'Hankuk University of Foreign Studies'라고 표기해 스스로 가질 수 있는 상징성을 포기하는 결과를 야기하고 있다.

위에서 본 것처럼 대부분의 대학들은 두 글자 혹은 세 글자로 이루어진 대학 이름을 붙여 쓴다. 그러나 'Chung-Ang University'라고 쓰는 '중앙대'처럼 덧금을 사용하는 경우도 있으며, 일부 대학의 경우에는 각 글자를 띄어서 영문으로 표기하기도 한다. 예를 들어 '경희대'는 'Kyung Hee University'로, '성균관대'는 'Sung Kyun Kwan University'로 표기한다.

참고로 오늘날 '세종대'는 그 직전에는 '수도여자사범대학'이었다. 당시 '수도'를 영문으로 'Sudo'라고 적었는데, 이는 발음상 'pseudo'('가짜'라는 뜻)를 연상시키는 매우 난감한 표기였다. 현재 '세종대'는 'Sejong University'라는 영문 표기를 사용하고 있는데, '세종대'의 '세종'이

'세종대왕'을 뜻하는 것이라면 'King Sejong University'라는 영문 이름을 사용하는 것이 학교를 위해 더 좋을 것으로 생각된다. 한글 이름 자체를 '세종대왕대학교'로 고치는 것도 생각해 봄직하다.

'서울대'는 'Seoul National University'라고 표기한다. '국립'을 뜻하는 'National'을 '서울'이라는 도시 이름 다음에 넣는 것이 특이하다고 할 수 있다. '국립'임을 표시하기 위해 반드시 'National'이라는 단어를 넣어야 하는지도 의문이다. 미국의 주립대학들도 이름에 반드시 'State'라는 단어를 넣는 것은 아니다. 그런데 '서울시립대'는 'The University of Seoul'이라는 영문 명칭을 사용한다. 일본의 '동경대'가 'The University of Tokyo'라는 영문 명칭을 사용함을 감안하면, 일본인 중에는 '서울시립대'를 '서울대'로 오해할 가능성이 있을지도 모르겠다. '서울시립대'의 '시립'을 표현해 'Seoul City University' 혹은 'The City University of Seoul' 등의 영문 명칭이 더 적절할 것으로 보인다.

또 '계명문화대학'이라는 학교에서는 영문 이름을 'Keimyung College University'로 쓰고 있는데, 'college'와 'university'를 덧붙여 사용하는 까닭이 무엇인지 궁금하다.

6. 사람 이름 표기와 관련한 쟁점들

한국어 인명을 로마자로 어떻게 표기하는 것이 바람직할지에 대해서는 그동안 많은 논란이 있어 왔다. 지명의 경우와 달리 인명의 경우에는 광범위하게 예외를 인정해 왔으므로, 여기에서는 표기법 자체보다는 일반적으로 제기되는 문제에 대해서 논의하기로 한다.

논의를 진행하기에 앞서, 다음 두 책에 등장하는 이름을 보도록 하자.

'이승만'은 'Syngman Rhee'로, '박정희'는 'Park Chung Hee'로 표기되어 있다. 즉 '이승만'의 경우에는 영어식으로 이름을 앞에 쓰고 성을 뒤에 쓴 반면, '박정희'는 한국어식으로 성을 앞에 쓰고 있다. 또한 이름을 쓸 때도 '이승만'은 '승만'을 붙여 'Syngman'으로, '박정희'는 '정'과 '희'를 띄어 'Chung Hee'로 적었다.

대한민국 초기에 대통령을 지낸 두 사람의 이름이 이와 같이 다르게 영문으로 표기되다 보니, 이 두 사람의 이름이 등장하는 영어로 기술된 대한민국 역사를 읽는 외국인들은 왜 한 사람은 'President

Rhee'인데, 다른 사람은 'President Park'인지 의아해 할 수도 있을 것이다.

이승만은 한국인으로서는 1세대 미국 유학생 중의 하나였으므로 그가 미국 유학 중 사용한 영문 이름을 대통령이 된 후에도 계속 사용한 것은 당연한 일이었을 것이다. 그에 비해 대통령이 되기 전까지는 그의 영문 이름을 중요하게 사용할 일이 없었을 박정희의 경우에는 대통령이 된 후에 그의 영문 이름이 확정되었을 것이다. 어쨌든 박정희는 그의 재임 중에는 'Park Chung Hee'라는 영문 표기를 주로 사용하였다. (그가 대통령이 되기 전인 1961년 11월에 국가재건최고회의 의장 자격으로 미국을 방문해 당시의 케네디 대통령을 만났는데, 이 일을 기록한 미국 문서에는 그의 이름이 'Chung Hee Park'로 표기되어 있다. cf. https://www.jfklibrary.org/asset-viewer/archives/JFKWHP/1961/Month%2011/Day%2015/JFKWHP-1961-11-15-C)

그런데 그 후에 대통령이 된 '김대중'의 경우에는 다음과 같은 표기들이 혼재한다.

Kim Dae-jung
PEACE ON THE KOREAN PENINSULA AND EAST ASIA

Kim Dae-Jung
PRESIDENT OF SOUTH KOREA

WRITTEN BY: The Editors of Encyclopaedia Britannica
See Article History

Alternative Title: Kim Dae-jung

'김대중'은 '박정희'와 같이 '성'을 먼저 쓰기는 하였으나, 이름 두 자를 'Dae Jung'으로 띄어쓰기도 하고, 이 둘을 덧금으로 붙일 때도 'Dae-jung'과 'Dae-Jung', 즉 덧금 다음의 첫 글자인 'j'를 소문자로 쓰기도 하고 대문자로 쓰기도 한다.

1970년대부터 해외에 이름이 알려진 '김대중'의 영문 이름은 매체에 따라 이 세 가지 표기 중 하나를 사용하였다. 위의 예 중 『대영백과사전』*Encyclopaedia Britannica*에서는 기본 표기로 'Kim Dae-Jung'을 선택하고, 'alternative'로 'Kim Dae-jung'이라는 표기도 소개하고 있다. 그에 비해 로스앤젤레스 타임스에서는 'Kim Dae Jung'이라는 표기를 사용하였다.

집권 당시에는 주로 'Park Chung Hee'라는 표기를 사용한 '박정희'의 경우에도 그의 사후에 나온 문헌이나 보도에서는 'Park Chung-hee'라는 표기가 사용되기도 한다.

이 세 대통령의 영문 이름은 한국어 이름의 로마자 표기와 관련하여 다음의 두 가지 기본적 질문을 제기한다.

첫째, 성과 이름의 순서를 어떻게 할 것인가?

둘째, 두 글자로 된 이름의 경우 이들을 띄어 쓸 것인가, 붙여 쓸 것인가, 아니면 덧금(하이픈)으로 연결할 것인가?

다음은 아마존서점 광고에 올라 있는 김대중 대통령의 저서 표지이다.

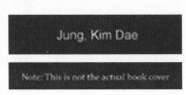

저자의 이름이 'Jung, Kim Dae'로 표기되어 있다. 뒤에서 설명하는 것처럼 'Jung' 다음에 쉼표를 쓰면 이것이 성임을 나타낸다. 표지 하단에 원래의 표지가 아님을 밝히고 있는 것으로 보아, 아마존서점의 담당자가 'Kim Dae Jung'이라는 그의 이름에서 마지막에 나온 'Jung'을 성으로 간주하고 이런 표기를 한 것으로 보인다.

이와 같이 영문으로 이름을 적으면서 성을 먼저 쓰면 한국식 이름에 익숙하지 않은 외국인들은 맨 뒤의 것을 성으로 오해할 수도 있다. 과거 어떤 외국 매체가 삼성의 창업자인 '이병철'에 관한 보도를 하면서 그의 성을 '철'로 보도한 적이 있었는데, 이 역시 같은 이유에서이다.

6.1. 성과 이름의 순서를 어떻게 할 것인가?

이 질문은 공식 원칙의 문제와 실용성의 문제 사이에서 갈등을 야기한다. 한국인의 이름을 적으면서, 특히 국가를 대표하는 대통령 등의 이름을 적으면서, 당연히 우리식 어법을 따라야 한다는 것이 원칙의 문제라면, 영어로 이름을 적을 때 영어식 어법을 따르는 것이 편리하다는 것이 실용성의 문제이다.

이 문제와 관련해 일본은 공식적으로는 일관되게 실용의 관점을 취해 왔다. 그들은 일본 수상의 이름을 영어로 적을 때 언제나 이름을 먼저, 성을 나중에 적어 왔다. 예를 들어 현재 일본 수상인 '아베 신조'의 영문 이름은 'Shinzo Abe'로 적는다. 따라서 일반인들도 이에 따르면 된다.

중국인들의 경우는 공식적으로는 일관되게 중국식으로 성을 먼저 쓰는 표기 방식을 택해 왔다. 우리의 경우는 초기에는 영어식으로 쓰다가 이후에 한국어식으로 공식 표기가 바뀌어 'Syngman Rhee'와 'Park Chung Hee'와 같은 혼란이 발생하게 되었다.

그런데 공식 영문 표기의 문제는 주로 대통령 등 고위 공직자의 경우에나 일어나는 일이다. 일반인의 경우에는 영어 이름을 어떻게 적어야 할지가 그리 문제되지 않는다. 대부분 명함을 만들 때나 여권을 만들 때 일어나는 일이다. 여권의 경우에는 '성'을 쓰는 난과 '이름'을 쓰는 난이 정해져 있으므로 문제라고 할 수 없고, 문제가 된다면 대부분 명함을 만들 때 일어난다고 할 수 있다.

명함에 영문 이름을 병기할 때 대부분의 한국인은 이름을 먼저 쓰고 성을 나중에 쓰는 영어식 순서를 따른다. 예를 들어 '홍길동'을 다음과 같이 적는다.

Gildong Hong

그런데 간혹 자신의 이름을 영어로 적으면서 성을 먼저 적고 쉼표를 치는 경우가 있다. 예를 들어 '홍길동'을 영어로 적으면서 다음과 같이 하는 경우이다.

Hong, Gildong

이는 인명사전 등에서 사용하는 방식으로 쉼표 앞부분이 성임을 나타낸다. 즉 'Hong'이 성이며, 'Gildong'이 이름임을 나타내 준다. 그러나 이 이름을 영어 문장 속에 넣을 때는 'Hong, Gildong'이라고 적지 않고 'Gildong Hong'이라고 적는다. 따라서 'Hong, Gildong'이라는 표기는 'Gildong Hong'이라는 표기와 동일한 효과를 나타내는 것이다.
문제는 간혹 다음과 같이 쓰는 사람이 있다는 것이다.

Gildong, Hong

이는 영어 문장 속에 넣을 때는 'Hong Gildong'이라고 적게 하면서, 정작 'Gildong'이 성이라고 잘못 가리키게 한다. 따라서 한글 이름을 영어로 적을 때 이런 식의 표기는 절대로 하지 말아야 한다.
만일 명함에 '홍길동'이라는 순서를 꼭 지켜 영문 표기를 하고 싶은 사람이 있다면 다음과 같이 하는 것이 좋다.

HONG Gildong

이와 같이 하면 쉼표가 사용되지 않아도 대문자로 적은 'HONG'이 성이며, 영어 문장 속에 넣을 때는 'HONG Gildong'이라는 순서로 적게 된다 (성을 뒤에 쓰는 서양인의 이름에서는 'Tom JONES'처럼 써서 'JONES'가 성임을 표시함). 이는 프랑스 등 유럽에서 통용되는 방식이라고 할 수 있는데, 최근 한국을 대표하여 국제 경기에 참여하는 운동선수들이 이런 표기를 사용하기도 한다. 다음은 '손흥민' 선수의 영문 이름 표기이다.

손흥민 선수의 영문 이름. 'SON'을 대문자로 적어
앞에 있더라도 성임을 나타낸다.

6.2. 이름 두 자를 어떻게 할 것인가?

'홍길동'의 '길동'을 영어로 쓸 때 다음과 같은 방법들이 있다.

Gil Dong

Gildong

Gild-dong

Gil-Dong

즉 두 자를 띄어 쓰는 방법과 붙여 쓰는 방법, 그리고 이 둘을 덧금

(하이픈)으로 연결하되 덧금 다음의 철자를 소문자로 쓰는 방법과 대문자로 쓰는 방법의 4가지가 있다. 여기에 성을 앞에 놓을지 뒤에 놓을지에 따라 총 표기 방법은 8가지가 되는 셈이다.

두 자를 띄고 성을 마지막으로 적어 'Gil Dong Hong'이라고 쓰면 중간의 'Dong'을 영어식 'middle name'으로 오해하게 된다. (성을 앞에 써 'Hong Gil Dong'이라고 적으면 'Gil'을 'middle name'으로 오해하는 한편, 'Dong'을 성으로 오해할 수도 있다.) 이런 오해를 막기 위해 이름 두 자를 붙여 쓰거나 덧금(하이픈)으로 연결하는 방법이 흔히 사용되는데, 이런 방식을 따르면서 성을 앞에 쓰면 다음과 같이 된다.

Hong Gildong

Hong Gil-dong

Hong Gil-Dong

최근에는 'Gildong'처럼 두 자를 붙여 쓰는 경향이 늘어나고 있는데, 대부분 두 자의 영문 표기를 합친 길이가 상대적으로 짧은 경우로서 발음상 불편을 초래하지 않는 경우에 적용된다. 두 자의 영문 표기를 합친 길이가 상당히 길거나 발음상 어려움이 초래될 때는 덧금으로 연결하는 경우가 더 일반적인 것으로 판단되는데, 이 때 두 번째 글자의 첫머리를 소문자로 쓸지 대문자로 쓸지가 문제로 제기된다.

'Gil-dong'처럼 두 번째 글자의 첫머리를 소문자로 쓰는 것은 중국에서 과거에 채택하던 방식으로 오늘날에는 사용하지 않는다. 현재 중국의 '시진핑'은 영어로 'Xi Jinping'으로 덧금 없이 표기한다. 그러나 예전에는 다른 표기법이 사용되었다. 예를 들어 '모택동'을 최근에는 'Mao Zedong'으로 표기하지만, 과거에는 'Mao Tse-tung'으로 표기하였다. 다음은 1976년과 2013년 각각 출간된 모택동 관련 저서이다.

　이전의 표기법, 즉 'Mao Tse-tung'은 '웨이드-자일스'Wade-Giles 표기법에 따른 것으로 중국이 개방되기 전까지 주로 서구의 학계와 언론에서 사용되던 표기법이었다. 이 표기법은 난징 발음을 중심으로 한 것으로서 오늘날 표준 중국어로 사용되는 베이징 발음과는 차이가 있는 표기였다. 웨이드-자일스 표기법에 따르면서도 이름 두 자를 모두 대문자로 시작하기도 하고 (즉 'Mao Tse-Tung'), 덧금 없이 붙여 쓰는 경우도 있었다 (즉 'Mao Tsetung'). 다음은 이런 표기가 사용된 저서의 표지이다.

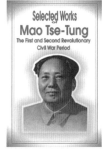 

국립국어원에서 정한 현행 로마자 표기법에서는 이름 두 자를 붙여 쓰는 것을 원칙으로 하되, 이름 두 자 사이에 덧금을 사용하는 것을 허용하고 있다. 그러나 실제로는 원칙대로 붙여 쓰는 것보다는 덧금을 사용하되 덧금 다음의 첫 글자를 소문자로 쓰는 것이 더 자주 공식 표기에 나타난다. 예를 들어 현재의 청와대 누리집에서도 '문재인' 대통령을 'Moon Jae-in'으로 표기하고 있으며, 외국의 주요 매체 등에서도 이 표기가 주로 사용된다.

이름 두 자를 덧금으로 연결하되, 두 번째 자를 소문자로 시작하는 경우, 다시 말해 '홍길동'을 'Hong Gil-dong'으로 쓰는 경우의 장점을 들자면, 우선 'Gil-dong'을 성으로 보기 어렵게 한다는 점이다. 예전부터 중국 등에서 이런 식의 표기를 써 왔기 때문에 'Hong Gil-dong'에서 'Hong'이 성이고 'Gil-dong'이 이름임을 알아보기가 상대적으로 쉽다. 그리고 'Gil-dong'에서 이들이 하나임을 나타내면서도 두 번째 자를 소문자로 시작함으로써 두 번째 자가 독립적으로 존재하기보다는 첫 번째 자와 결합하여 존재한다는 것을 보여주는 의미가 있다고 할수 있다. 이런 표기는 사실 중국어에서 이 두 자가 각각 독립된 한자로 이루어져 있음을 나타내기 위함이라고 할 수 있는데, 최근 우리나라에서 증가하고 있는 순 한글식 이름의 경우에는 적용하기 어려운 논리라고 할 수 있다.

덧금을 사용하되 두 자를 모두 대문자로 시작하는 경우, 즉 '홍길동'을 'Hong Gil-Dong'이라고 쓰는 경우에는 상대적으로 'Gil-Dong'을 부부의 성을 합쳐 만든 새로운 성으로 오해하게 할 가능성이 있다. 다만 동양식 이름에 익숙한 사람에게는 크게 문제가 되지는 않을 수 있다.

일반인의 경우에는 대부분 성을 뒤에 두므로 다음과 같은 가능성이 있다.

Gildong Hong

Gil-dong Hong

Gil-Dong Hong

이 중에서 가장 명확한 것은 'Gildong Hong'처럼 덧금 없이 이름 두 자를 붙여 쓰는 것이다. 그러나 이름 두 자를 합쳐 쓸 경우 그 길이가 길거나 발음을 알아보기가 어려울 경우에는 개인의 선택에 따라 덧금을 사용하는 것도 무방하리라 생각된다. 실제로 상당수 한국인이 두 자를 모두 대문자로 시작하는 방식을 따르는 것으로 보인다 (이런 표기는 프랑스 철학자 'Jean-Paul Sartre'의 이름에서 보듯이 유럽에서도 사용되는 것이다). 이 문제는 원칙의 문제라기보다는 실용성의 문제로 생각되므로 개인의 선택에 맡길 수밖에 없는 문제로 생각된다.

요약하자면, 대통령 등 고위 공직자의 경우가 아닌 일반인의 경우에는 'Gildong Hong'처럼 덧금 없이 이름 두 자를 붙여 쓰되 성을 뒤에 두는 것이 가장 바람직하다고 생각되지만, 이름 두 자에 대한 영문 표기가 너무 길거나 발음하기 어려운 경우에는 덧금을 사용하는 것도 무방하리라는 것이다. 한국식으로 성을 꼭 앞에 두고 싶은 사람은 'HONG Gildong'처럼 성을 앞에 두되 전부 대문자로 쓰는 방법이 가능하다. 이 때 성 다음에 쉼표를 쓸 필요가 없으며, 일부 사람들의 명함에서 보듯이 이름을 먼저 쓰고 쉼표를 쓰는 것, 즉 'Gildong, Hong'처럼 쓰는 것은 이름과 성을 뒤바꾸는 표기이므로 반드시 피하여야 한다는 것이다.

싱가포르에서의 영문 이름 표기

싱가포르에서는 이름 세 자를 각각 띄어서 표기한다 (성을 맨 앞에 씀). 예를 들어 싱가포르 총리의 이름을 'Lee Hsien Loong'으로 표기한다. 과거 같은 한자문화권에 속했던 베트남에서도 같은 표기법이 사용된다. 예를 들어 베트남 대통령을 지낸 '호찌민'을 'Ho Chi Minh'으로 표기한다. '박정희'를 'Park Chung Hee'로 적는 것과 같은 표기법이라고 할 수 있다.

영어의 'middle name'

영어에는 'middle name'이라는 것이 있다. 예를 들어 미국의 'John F. Kennedy' 대통령의 경우 'full name'은 'John Fitzgerald Kennedy'이며 이 중 가운데에 있는 'Fitzgerald'가 'middle name'이다. 제일 앞에 있는 'John'은 'first name', 맨 뒤에 있는 'Kennedy'는 'last name'이라고 부른다. 즉 그 순서에 따라 'first name', 'middle name', 'last name'

이라고 부르는 셈이다. 그런데 '성'을 맨 앞에 두는 동양에서는 이런 구분이 혼란을 야기할 수 있다. 따라서 '성'에 해당하는 'last name' 대신 'family name'이나 'surname'을 쓰기도 하며, '이름'에 해당하는 'first name' 대신 'given name'을 쓰기도 한다.

'middle name'으로는 부모나 일가친척의 'given name'을 사용하거나, 어머니의 성maternal surname 혹은 여성의 경우 결혼 전의 성maiden name을 사용하기도 한다. '세례명'baptismal name을 'middle name'으로 사용하기도 하며, 좋아하거나 존경하는 유명인의 이름given name을 사용하는 경우도 있다. 또 특별한 이유 없이 좋아 보이는 이름을 선택해 사용하기도 하며, 경우에 따라서는 여러 개의 'middle name'을 사용하기도 한다.

일상생활에서는 대개의 경우 'middle name'을 생략하며, 사용하더라도 첫 글자, 즉 'initial'을 사용하는 경우가 많다. 그러나 사람에 따라서는 'first name'보다 'middle name'을 더 드러내 사용하기도 한다. 예를 들어 미국 연방수사국(FBI)의 상징적 인물이라고 할 수 있는 'John Edgar Hoover'(1895~1972)는 'J. Edgar Hoover'라는 이름으로 알려져 있으며 (즉 대부분의 사람과 달리 'middle name'이 아니라 'first name'을 'initial'로 사용함), 미국의 28대 대통령을 지낸 'Woodrow Wilson'(1856~1924)의 'full name'은 'Thomas Woodrow Wilson'으로 'middle name'을 아예 'first name'처럼 사용하였다. 또 유학 시절 나를 가르쳐주신 은사 'C. L. Baker'(Carl Lee Baker) 선생님도 일상생활에서는 'Lee Baker'로 통하셨다.

한국인의 경우 이름 석 자를 각각 띄어서 사용하면 중간의 글자를 영어의 'middle name'으로 오해할 수 있다. 예를 들어 '홍길동'을 'Gil Dong Hong'이라고 쓰는 경우 'Dong'을 'middle name'으로 간주할 수가 있다. 이렇게 쓰면 'Gildong Hong'이라는 이름과는 전혀 다른 이름이 되는 셈이다. 이런 오해를 막으려면 이름인 '길동'을 붙여 쓰거나 덧금(하이픈)으로 연결해 쓰는 것이 좋다. 처음부터 'Gil Dong Hong'이라고 썼다면 'first name'란에 'Gild Dong'을 쓰는 수밖에 없다. 혹시 서식에 'middle name'란이 있다면 'N.M.N.'(no middle name) 혹은 'N.M.I.'(no middle initial)이라고 분명히 표시하는 것도 한 방법이 될 수 있을 것이다.

그런데 최근에는 미국에서 태어나 영어 이름과 한국어 이름을 함께 가진 사람들도 꽤 있다. 이런 사람들의 경우에는 영어 이름을 'first name'으로, 한국어 이름을 'middle name'으로 사용할 수도 있을 것이다. 예를 들어 '홍길동'이라는 사람이 'Eric'이라는 영어 이름을 갖는다면 'Eric G. Hong'이라는 이름을 사용하는 것이 가능할 것이다. 또 한국인 여성이 미국인과 결혼해 사는 경우 자신의 한국어 이름을 'first name', 자신의 성을 'middle name', 결혼한 남편의 성을 'last name'으로 사용할 수도 있을 것이다. 예를 들어 '홍유진'이라는 여자가 'Brown'이라는 성을 가진 남자와 결혼한다면 'Yujin H. Brown'이라는 이름을 사용할 수 있을 것이다.

6.3. 이름을 영어로 적을 때 주의하여야 할 사항들

① 영어 철자의 의미를 생각해야 한다

성이나 이름을 영문으로 옮겼을 때 뜻하지 않게 부정적 의미가 나타나기도 한다. 예를 들어 '박혜나'라는 이름을 'Hyena Park'라고 옮기면 영어로 '하이에나 공원'이라는 뜻이 된다. 이런 경우에는 '혜나'를 'Hena'나 'Hayna', 'Heina' 등으로 쓰는 것이 나을 것이다.

한국인 이름에 자주 사용되는 '범'을 'Bum'으로 쓰면 '부랑자, 건달'이라는 뜻이 된다. 이와 같은 부정적 의미를 피하기 위해 어떤 사람들은 'Bom' 혹은 'Buom' 등으로 쓰기도 한다. 실제로 '범'이 들어가는 이름을 가진 어느 대학 교수는 유학 당시에는 덧금을 사용해 '-Bum'이라는 표기를 사용하다가, 귀국한 뒤에 'bom'으로 고치고 덧금 없이 앞 자에 붙여 버렸다. 이 때문에 그의 박사학위증에 적혀 있는 영문 표기와 여권상의 영문 표기가 일치하지 않게 되었는데, 그런 불이익을 감수하면서까지 그는 'Bum'이라는 철자가 주는 부정적 의미에서 벗어나고 싶어한 것이다. (뿐만 아니라 그의 박사학위 논문상의 영문 철자와 그가 그 후에 낸 논문상의 영문 철자가 달라져 같은 사람이 쓴 글임에도 다른 사람의 글로 인식되게 되었다.)

'오'라는 성을 흔히 'Oh'라고 적는데, 이는 영어의 감탄사이다. '오유범'이라는 이름을 'Oh You Bum'이라고 쓰면 본의 아니게 읽는 사람을 불편하게 만들 수 있다. '오'씨 성을 가진 사람 중에 아주 드물기는 하지만 자기 성을 'Augh'로 적는 사람도 있다.

한국인 성씨 중에는 그 철자나 발음이 영어에서 부정적 의미를 나타내는 경우가 간혹 있다. 다음은 그 예이다.

	부정적 의미의 철자	부정적 의미	다른 철자 예
강	Gang	갱	Kang
곽	Kwak	quack(돌팔이 의사)	Kwark, Gwak
국	Gook/Kook	(경멸)동양인/ 괴짜, 미치광이	Kwuk
노	No	아니다	Noh, Roh
민	Mean	성질이 나쁜, 인색한	Min
박	Bark	짖다	Bahk
반	Ban/Barn	금지하다/외양간	Bahn
방	Bang	쾅, 탕	Bahng
범	Bum	부랑자, 건달, 엉덩이	Bom, Buom
부	Boo/Poo	야유를 보내는 소리/똥	Bu
석	Suck	빨다	Sok
신	Sin/Shin	죄, 죄악/정강이	Sinn, Sheen
우	Woo	구애하다	Wu
육	Yuk	yuck(역겨울 때 내는 소리)	Yook
지	Gee	감탄사	Jhee, Chi
피	Pee	오줌 누다	Phee
함	Ham/Harm	햄/해, 피해	Hahm
호	Ho	매춘부(whore)	Hoh

이 외에도 한국인 이름에 사용되는 글자 중 '식'sick이나 '일'ill처럼 부정적 의미를 연상시키는 것들도 있으니, 가급적 이런 부정적 의미를

나타내지 않도록 영문 이름을 정할 때 주의해야 한다.

띄어 쓸지 붙여 쓸지를 결정할 때도 의미를 생각해야 한다. 예를 들어 '부미'라는 이름을 'Boo Mee'라고 쓰면 'Boo me', 즉 '나를 야유하라'처럼 들릴 수 있다. 이럴 때는 띄어 쓰거나 덧금을 사용하는 것보다는 하나로 붙여 'Boomy', 'Boomie' 등으로 쓰는 것이 나을 수 있다. 이에 비해 '영옥'이라는 이름을 'Youngok'이라고 붙여 쓰면 상대적으로 발음하기가 어려우므로 'Young-Ok'처럼 덧금을 사용하는 것이 편리할 수도 있다. '영옥'을 'Young-Oak'로 적으면 '젊은 참나무'라는 의미가 되어 기억에 도움을 줄 수도 있을 것이다.

내가 미국 유학 중이던 시절 타이완에서 온 'Suer'라는 학생이 있었는데, 나는 이 학생에게 'Suer'의 발음이 'sewer'(하수관)를 연상시킬 수 있음을 지적하였다. 이 여학생은 그 후 자신의 이름 표기를 'Su-er'로 바꾸었다. '이승만' 대통령이 자신의 이름인 '승만'을 'Syngman'이라고 결정할 때, 당시 한국어 'ㅡ'를 표기할 적절한 방법이 없었음을 감안하더라도, 같은 발음인 'i' 대신 굳이 'y'를 택한 것은 'Singman'이라고 적을 경우에 예상되는 의미상의 불편을 피하기 위함이었을 것으로 추측된다.

개화기 서양인들의 저서에 나타난 한국인 이름의 영문 표기

개화기에 서양인들이 저술한 문헌을 보면 한국인의 이름이 대부분 'Hong Gil Dong' 식으로 적혀 있다. 즉 성을 맨 앞에 쓰되 이름 두 자는 붙여 쓰지 않고 띄어 썼다. 그러나 철자 자체는 사람마다 달리 쓰는 경우가 발견되기도 한다. 이는 당시 한글 맞춤법이나 한글의 로마자 표기법 같은 것이 제정되기 전이므로, 저자 각자가 생각하는 대로 표기하였기 때문으로 풀이된다.

일부 예를 보면 다음과 같다.

서재필

Sai Jai Pil   (Griffith 1894, p. x)

Sah Jai Pil   (Gilmore 1892, p. 74)

Soh Jay Pill   (Allen 1901, p. 30)

박영효

Pak Yong Ho   (Griffith 1894, p. x)

Pak Yong Hio   (Gilmore 1892, p. 74; Allen 1901, p. 31)

Pak-Yöng-Ho   (Bishop 1898, p. 248)

유길준

Yu Kil Jun   (Griffith 1894, p. vii)

Yu Kil Chun   (Lowell 1886, p. vi)

당시에도 드물기는 하지만 덧금을 사용하는 경우가 있었는데, Bishop (1898)은 '김옥균'을 'Kim Ok-yun'(p. 432)으로 적기도 하였다 (Gilmore 와 Allen은 'Kim Ok Kiun'으로 적었음). 그러나 Bishop (1898)은 '신기순'은 'Sin Ki Sun'(p. 438)으로 적고, 또 앞에서 보았다시피 '박영효'는 'Pak-Yŏng-Ho'(p. 248)로 적는 등 덧금쓰기와 대문자쓰기 등에서 일관성을 보이지 못하고 있다.

Hulbert (1905)는 이름 두 자를 덧금으로 연결하되 두 번째 자는 소문 자로 시작하는 방식을 써 '이순신'을 'Yi Sun-sin'으로 표기하고 있으 며 (vol. 2, p. 32), Gale (1912)도 다음에서 보는 바와 같이 Hulbert와 동일한 방식을 취하고 있다.

> There were five distinguished persons associated with the formation of the alphabet namely : King Se-jong 世宗大王, Cheung In-ji 鄭麟趾, Söng Sanɪ-mun 成三問, Shin Suk-ju 申叔舟, and Choi Hang 崔恒.

1912년에 간행된 J. S. Gale의 *The Korean Alphabet* 20쪽 중 일부. '성삼문'을 'Söng Sam-mun'으로 적는 등 이름 두 자를 덧금으로 연결하고 두 번째 자는 소문 자로 시작한다.

당시 서양인들은 대부분 '김'은 'Kim', '이'는 'Yi', '박'은 'Pak'으 로 적었다. Allen (1901)은 특이하게 '이'를 'Ye'로 적었으며, '최' 를 'Choi'로 적은 것이 이때도 나타난다 (cf. Gale 1898, p. 42). Gale (1898)은 '곽'을 'Quak'으로 적었으며 (p. 36), '문'은 'Moon'으로 적었 다 (p. 36).

개화기에 한국인 최초로 영문법 저서를 출간한 이기룡과 윤치호도 그들의 책에 한국인 이름을 영문으로 표기하였는데, 둘 다 성을 앞에 쓰고 이름 두 자를 각각 띄어 쓰는 방식을 취하였다. 예를 들어 이기룡은 그의 1911년 저서 『중등영문전』에서 '김옥균'을 'Kim Ok Kyoun'으로 표기하였으며 (p. 60), 윤치호는 그의 1911년 저서 『영어문법첩경』에서 '이순신'을 'Yi Soon Sin'으로 표기하였다 (p. 1).

② 발음상의 편의를 생각해야 한다

앞에서도 이야기하였지만, 이름 두 자에 대한 영문 철자가 너무 길경우 덧금으로 구분하는 편이 나을 수도 있다고 하였는데, 이름이 너무 길거나 철자가 복잡하면 발음하기에도 어렵고, 기억하기도 쉽지 않다. 영문 철자는 가급적 발음하기 쉽고, 기억하기 쉬운 편이 좋다. 따라서 경우에 따라서는 한국어 발음과 일부 차이가 나더라도 단순 명료하게 하는 편이 나을 수 있다.

'우'의 경우 우리나라에서는 이를 'Woo'라고 표기하는 경우가 많은데, 앞에서도 소개한 것처럼 'woo'는 영어로 '구애하다'는 뜻을 갖는다. 따라서 성씨로 사용될 때는 'Wu'로 적는 것이 나을 것으로 생각된다. 그런데 '우'가 '우진'에서처럼 이름의 앞에 쓰일 때는 'Wujin'처럼 'Wu'로 적는 것이 나을 것이나, '진우'에서처럼 뒤에 나올 때는 'Jinwoo'나 'Jinwu'보다는 'Jinu'로, 즉 '우'를 'u'로 적는 것이 나을 수도 있다.

지금은 미국에서 목회를 하고 계시지만 과거 홍익대 영문과에 재직하셨던 '구학관' 교수는 자신의 이름인 '학관'을 'Hakan'이라고 표기하였다. 실제 한국어 발음과는 차이를 보이지만, 'Hakkwan' 등으로 쓸 경우보다 훨씬 발음하기 쉽고 또 기억하기에도 용이하다. 경우에 따라서는 자신의 이름과 발음이 유사한 영어 단어나 영어 이름으로 표기하는 방법도 있다. 초창기 한국외국어대에 계셨던 우리나라 1세대 영어학자 박술음 교수가 그의 이름인 '술음'을 'Solemn'(근엄한)이라는 영어 단어로 표기한 것과 과거 이화여대 총장을 지낸 '김활란'이 자신의 이름인 '활란'을 'Helen'으로 적은 것 등이 예라고 할 수 있다. '수정'이라는 이름을 'Susan'으로 적거나, '재선'이라는 이름을 'Jason'이라고 적는 것도 이에 해당한다고 할 수 있다. 이와 같이 한글 이름을 영문으로 적는 데에도 창의성이 요구된다고 하겠다.

③ 같은 의미의 영어 단어를 쓸 수도 있다

한글 이름을 영문으로 적었을 경우 그 길이도 길고 발음하기도 쉽지 않다면, 같은 뜻을 가진 영어 단어를 사용하는 것도 괜찮은 방법이 될 수 있다. 과거 '허화평'이라는 사람이 자신의 이름인 '화평'을 'Hwapyong'이나 'Hwa-Pyong' 등으로 적는 대신 'Peace'라고 적은 것이 예라고 할 수 있다. 또 '은혜'라는 이름을 'Eunhye' 등으로 적을 경우 발음하기에 어려움이 있으므로 'Grace'로 적는 것도 마찬가지이다. 또 발음상의 어려움이 없다고 하더라도 기억하기 용이하게 하기 위해 같은 뜻의 영어 단어를 사용하는 것도 생각해 봄직하다. 예를 들어 '진주'라는 이름을 'Jinju'라고 써도 발음하기에 어려움이 없겠으나, 기억을 위해 'Pearl'이라고 쓸 수도 있을 것이다.

한국 기업의 영문 이름

한국 기업이 본격적으로 외국에 알려지기 시작한 것은 1970년대를 전후해서이다. 당시 정부의 수출주도정책으로 많은 국내 기업이 세계 시장으로 진출하기 시작했다. 오늘날 상당수 기업의 영문 표기는 이때부터 사용되었거나, 당시 사용하던 표기에 문제가 있어 바꾼 것이다.

'삼성'과 '현대'는 이때부터 'Samsung', 'Hyundai'라는 표기를 사용하였다. 당시 어떤 외국인들은 'Hyundai'를 '훈다이' 또는 '현다이' 등으로 읽기도 했다. 1980년대 중반 현대자동차가 미국에 수출을 시작하던 무렵, 미국인들에게 그 발음을 알려주기 위해 "It rhymes with Sunday"라고 설명하기도 하였다. 'Sunday'하고 운이 같으니 '헌데이'라고 발음하라는 뜻이었다. 당시에는 실제로 이런 발음으로 광고가 되기도 하였다.

오늘날의 'SK'는 과거 'Sunkyong'이라는 표기를 사용했는데, 'SsangYong'이라는 표기를 사용하던 '쌍용'과 혼동을 일으키기도 하였다 (중동 등에서는 '쌍용'을 '싼꽁'으로 발음하기도 해 마치 '선경'을 발음하는 것처럼 들리기도 하였다).

오늘날의 'LG'는 당시에는 '럭키'Lucky, '금성'Goldstar, '반도상사' 등 각 계열사의 이름을 사용하다가 '럭키금성'Lucky-Goldstar이라는 이름으로 통합된 후 다시 'LG'로 교체되었다. 원래 럭키금성그룹 소속으로 있다가 그 후에 계열분리가 된 회사들 중에 영문 머리글자를 회사 이름으로 사용하는 경우가 많은데 'GS', 'LS', 'LIG' 등이 이에 속한다.

최근 'LG'나 'SK'처럼 영문 머리글자를 회사 이름에 사용하는 경향이 늘어나고 있는데, 'KT'(과거 한국통신), 'KT&G'(과거 한국담배인삼공사), 'aT'(한국농수산식품유통공사) 등처럼 공기업에서마저 우리 이름을 버리고 영문 머리글자 이름을 채택하고 있는 실정이다.

경우에 따라서는 'K-Water'(한국수자원공사), 'KSure'(한국무역보험공사)처럼 영어 단어를 공기업 이름에 넣어 사용하기도 한다.

7. 제언

우리는 한글 지명이나 인명을 로마자로 어떻게 표기할지에 대해 수십 년 동안 충분히 논의를 했다. 그동안 표기법이 바뀔 때마다, 막대한 비용을 들여가며 전국 도로의 수많은 표지판과 지도 등을 새로 제작하기도 했다.

되돌아 생각하면 저마다의 표기법은 나름대로의 이유와 장단점을 가지고 있으며, 어느 하나가 절대적으로 우월하거나 열등하다고 말할 수는 없다. 따라서 이제 한글의 로마자 표기와 관련한 논쟁은 그만 두어야 한다. 다시는 'Busan'인지 'Pusan'인지에 대한 논쟁을 하지 말아야 한다. 'Gangreung'인지, 'Kangnŭng'인지, 'Gangneung'인지 논쟁하지 말아야 한다. 최소한 공식 표기법에는 일관성을 유지하여야 한다. 예기치 않았던 문제가 발생하면, 표기법 전체를 흔들지 않으면서 해결하는 지혜를 발휘하여야 한다.

개인의 이름이나 회사 이름 등에는 선택의 여지를 주면 된다. 이런 영역까지 정부가 공식 표기법을 강제할 필요는 없다. 개인의 이름과 관련하여 끝까지 문제가 되는 것은 모음 'ㅓ'와 'ㅡ'를 어떻게 표기할 것인가의 문제이다. 영어를 기준으로 할 경우 'eo'나 'eu'가 원하는 발음을 유도하기 어렵기 때문이다. 'ㅡ'의 경우에는 '이승만'Syngman Rhee의 경우에서처럼 'y'를 쓰는 것도 생각해 볼 만하다. 'ㅓ'의 경우에는 개인에 따라 'u', 'o', 'eo' 등을 쓰는 형편인데, 'ə'를 쓸 수 있으면 좋겠지만, 영어 알파벳에서는 사용하지 않으므로, 'u'나 'o', 'eo' 중에서 개인의 선택에 맡기는 수밖에 없을 것 같다. ('ㅓ'를 'e'로 쓰고, 'ㅔ'를 'ey'나 'ei'로 쓰는 방법도 생각할 수는 있다. 이와 함께 'ㅡ'를 'y'로 쓰는 로마자 표기법 체제를 생각해 볼 수는 있다.)

가장 중요한 것은 한글 철자에 얽매이지 말고, 발음하기 쉬우면서도 기억하기 좋은 표기가 되도록 창의성을 발휘하는 것이다. 필요하다면 일부 발음을 희생할 수도 있어야 하며, 경우에 따라서는 같은 의미의 영어 단어를 택할 수도 있어야 한다.

영어는 그 표기법이 가장 무질서한 언어

한글의 로마자 표기법을 논의하면서 편의상 영어를 기준으로 택하였지만, 사실 영어는 그 표기법이 가장 무질서한 언어라고 할 수 있다.

우선 같은 글자가 여러 발음을 나타낼 수 있다. 예를 들어, 같은 철자 'a'라도 'father', 'man', 'woman', 'same' 등에서 보듯이 다양하게 발음된다.

또 같은 발음이 여러 방식으로 표기될 수 있다. 예를 들어 '[u:]'라는 발음이 'flu', 'too', 'two', 'blue', 'crew', 'through' 등에서처럼 다양하게 표기된다.

또한 'debt'의 'b'처럼 철자는 있으되 발음되지 않는 경우도 있으며, 'cutie'처럼 철자가 없음에도 소리가 나는 경우도 있다 (즉 [k]와 [u] 사이의 [j] 발음).

또 'shy'의 'sh'나 'chin'의 'ch'처럼 두 글자가 하나의 소리를 나타내는 경우도 있으며, 'exam'의 'x'처럼 한 글자가 두 개의 소리를 나타내는 경우도 있다.

'lead'처럼 동일한 철자가 문맥에 따라 '[li:d]'와 '[led]' 두 가지로 발음되기도 한다.

이런 점을 생각할 때 한글을 로마자로 표기함에 있어 극히 예외적으로 하나의 철자로 하여금 두 개의 소리를 나타낼 수 있게 한다고 해서 (예를 들어 'o'로 하여금 'ㅗ'뿐 아니라 경우에 따라 'ㅓ'도 나타낼 수 있게 한다고 해서) 그것이 표기법 자체를 바꾸어야 할 만큼의 치명적 문제가 되는 것은 아니라고 할 수 있다. 그럼에도 불구하고 우리나라에서는 몇 가지 문제점을 빌미로 너무 쉽게 표기법 변경이 이루어져 왔다. 이제는 정해진 표기법의 큰 틀은 그대로 유지하면서 불가피하게 발생하는 문제점은 합리적으로 해결하는 지혜를 발휘하여야 한다.

참고사항

'이'는 'I'?

'이'씨 성의 경우 최근에는 'Lee'라는 표기가 주로 사용된다. 그러나 이승만 대통령 당시에는 'Rhee'라는 표기가 많이 사용되었으며, 사람에 따라 'Ree', 'Rhie'라는 표기도 사용하였다.

개화기에는 'Yi'라는 표기가 광범위하게 사용되었으며, 간혹 'Ye'라는 표기도 사용되었다.

그러나 현행 표기법에 따르면 '이'는 'I'로 표기하여야 한다. 즉, 영어의 1인칭 대명사 주격 형태와 동일해지는 것이다. 그런데 '이'씨 성을 가진 사람 중에 자신의 성을 'I'로 표기할 사람은 아마 없을 것으로 보인다.

'오'씨와 '우'씨의 경우에도 공식 표기법으로는 'O'와 'U'로 적어야 하나, 실제로 이럴 가능성은 거의 없다. 따라서 공식 표기법이라고 해서 무조건 적용시킬 것이 아니라, 상황에 따라 융통성을 발휘할 수 있도록 해야 한다.

참고사항

'김일성', '김정일', '김정은'의 영문 표기

북한의 3대 세습 독재자들인 '김일성', '김정일', '김정은'의 영문 표기는 다음과 같다.

김일성: Kim Il Sung
김정일: Kim Jong Il
김정은: Kim Jong Un

즉 성을 먼저 쓰되 이름 두 자를 띄어 쓴다. 외국 매체들이 보도할 때는 'Kim Jong-un'처럼 덧금을 사용하기도 한다. 이 세 독재자의 이름에 모두 'ㅓ'가 들어가는데, 이를 김일성은 'u'로, 김정일과 김정은은 'o'로 표기한다. 김정은의 '은'은 'Un'으로 표기해 'ㅡ'를 'u'로 표기한다. 남한에서 사용하는 'eo'나 'eu'는 사용하지 않는다는 점에서 남북한 간에 차이를 보인다.

4장

영어 외래어의
한글 표기법 논쟁

본 장에서는 영어에서 들어온 외래어를 한글로 표기할 때의 문제에 대해 생각해 보기로 한다. 영어 어휘의 한글 표기는 개화기 때부터 이루어져 왔다. 이후 현행 외래어 표기 원칙에 이르기까지 어떤 쟁점이 있어 왔으며, 또 현행 표기법에는 어떤 문제가 있는지 살펴보기로 한다.

1. 들어가며

다음은 2016년 4월 13일자 인터넷판 서울신문에 실린 기사이다 (일부 오류를 바로잡아 인용함).

쉬림프? 슈림프? 헷갈리지 마세요

"쉬림프 버거 하나 주세요!" 흔히 사용하는 이 문장, 혹시 이상하다고 못 느끼셨나요?

지난 9일 국가직 9급 공무원 시험이 실시된 가운데, 국어 1번 문제가 화두에 올랐습니다. 1번 문제는 외래어 표기법을 묻는 문제로 답은 shrimp(슈림프)였습니다. 영어의 경우 어말의 '[ʃ]'나 '[tʃ]'는 '시, 치'로 적고 자음 앞의 '[ʃ]'는 '슈'로 적는 외래어 표기 세칙 때문이었는데요.

많은 수험생들은 "모 업체의 광고 때문에 '쉬림프'가 맞는 표현인 줄 알았다"며 속상함을 토로하기도 했습니다.

국가 공무원을 선발하는 시험에 이런 문제를 출제하는 것이 과연 온당한지부터가 의문이다. 이 문제의 답을 아는 것이 그 사람의 공무원으로서의 자격과 어떤 상관관계가 있는 것일까? 오히려 '쉬림프'와 '슈림프'를 모두 거부하고 '새우'라고 해야 한다는 사람을 공무원으로 선발해야 하는 것 아닐까? 국어기본법을 생각한다면 말이다. 그러나 우리 사회에서는 그런 사람이 선발 시험에 합격할 가능성이 거의 없다. 우선 고르기 문제에서 그런 답을 쓸 방법이 없다. 또한 주관식 서술이 가능한 경우라도 채점자 중 그런 용기 있는 답에 후한 점수를 줄 사람이 별로 없다.

우리 사회에서 일어나고 있는 영어 오남용 문제는 필연적으로 그것들을 어떻게 표기할 것인지의 문제를 야기한다. 이 문제는 두 가지로 나누어 생각해 보아야 한다.

먼저, 영어 어휘 중 우리말 속에 들어와 일상적으로 사용되는 것, 즉 우리가 외래어라고 부르는 것들의 표기이다. 이 문제가 핵심이기는 하다. 그 때문에 이 문제를 '외래어 표기법' 문제라고 부르는 것이다. 그런데 우리는 이 문제에 있어 오락가락하는 행태를 보여 왔다. 그 때문에 일반 대중이 혼란스러워 하고 있으며, 위에서 소개한 것처럼 이제는 국가 공무원 선발 시험까지 그런 혼란을 부채질하고 있는 것이다.

그런데 우리말 속에 들어와 사용되고 있는 영어 어휘의 표기, 즉 영어 차용어(이를 흔히 외래어라고 부르고 있음)의 표기 문제와 별도로 외국어인 영어의 발음을 어떻게 정확히 표기할 것인가, 즉 외국어로서의 영어 표기 문제도 생각해 볼 수 있다. 이 두 문제는 상호 관련된 문제이기는 하나 동일한 문제는 아니다. 예를 들어 외래어로서의 영어 표기는 한글 표기법 안에서 이루어지므로 새로운 글자나 부호를 도입하기가 어려우나, 외국어로서의 영어 표기에서는 새로운 글자나 부호의 도입

가능성이 열려 있다. 따라서 외래어로서의 영어 표기와 외국어로서의 영어 표기를 구분하지 않으면, 논의가 뒤죽박죽이 되어버릴 수 있다.

이 장에서는 외래어 표기법 안에서의 영어 표기에 대한 논의를 하고, 외국어로서의 영어 표기(즉 영어 발음을 어떻게 정확히 표기할 것인지)에 대해서는 다음 장에서 생각해 보도록 하겠다.

2. 개화기의 영어 어휘 표기

논의를 시작하기에 앞서 영어가 한반도에 처음 들어오던 개화기에 영어 어휘를 어떻게 한글로 표기했는지부터 알아보기로 하자. 당시에는 오늘날처럼 신문이나 출판물이 많지 않던 시절이고, 오늘날처럼 한글 맞춤법이나 외래어 표기법이 제정되어 있지도 않았으므로, 실제 표기 예를 찾기가 쉽지는 않다. 그런데 당시 한국을 찾은 서양인 선교사들이 발행한 영어 사전을 찾아보면 오늘날 우리가 일상적으로 사용하는 영어 어휘를 어떻게 표기했는지 알아볼 수 있을 것이다.

다음은 1890년에 Underwood가 펴낸 『한영ᄌ뎐』(한영자전)의 뜻풀이 예이다.

butter: 소졋기름 (오늘날의 맞춤법으로는 '소젖기름')
cheese: 소졋메쥬 (오늘날의 맞춤법으로는 '소젖메주')
cake: 쑬떡 (오늘날의 맞춤법으로는 '꿀떡'),
         사당떡 (오늘날의 맞춤법으로는 '사탕떡')
biscuit: 떡, 적은죠각으로군떡
         (오늘날의 맞춤법으로는 '떡, 작은 조각으로 구운 떡')

toast:　　　군쩍 (오늘날의 맞춤법으로는 '구운 떡')

jelly:　　　묵

juice:　　　즙, 물

candy:　　　엿

tomato:　　　일년감

ink:　　　먹

pen:　　　붓, 필

carpet:　　　젼자리 (오늘날의 맞춤법으로는 '전자리'로 예상되나 현재는
　　　　　　　사용되지 않는 표현임)

hotel:　　　쥬막 (오늘날의 맞춤법으로는 '주막')

chemise: 녀편네속옷 (오늘날의 맞춤법으로는 '여편네 속옷')

coat:　　　젹삼, 져구리 (오늘날의 맞춤법으로는 '적삼', '저고리',
　　　　　　　cf. overcoat 두루마기)

shirt:　　　속젹슴 (오늘날의 맞춤법으로는 '속적삼')

gown:　　　밧기닙는큰옷
　　　　　　　(오늘날의 맞춤법으로는 '밖에 입는 큰 옷')

sock:　　　보션 (오늘날의 맞춤법으로는 '버선')

inch:　　　치, 촌

mile:　　　외국리, 일리는됴션리수로삼리요
　　　　　　　(오늘날의 맞춤법으로는 '외국 리, 1리는 조선 리수로 3리요')

다음과 같은 뜻풀이도 주목할 만하다.

Comedy, *n.* 우습게ᄒᆞᄂᆞᆫ노롬.

1902년에 나온 John W. Hodge의 *Corean Words and Phrases* 2판에는 다음과 같은 예도 보인다.

Butter Saw-kirrum, 소기룸

Sausage, A Soon-tai 순디.

Dollar (silver) Eun-jun irr-won 은면일쳔. *Paper dollars,*
·Chee-jun 지젼 (Twenty-five Corean *Yang*, reckoning four cents
to the *yang*, make a dollar) *I will rive you one dollar only*
Ill-won man chew-gettah 일원만주겟 ┼ *or* Simmol-tan-yang
man chew-gettah 스물단양반주겟다.

즉 당시에는 오늘날 영어 단어를 그대로 가져다 쓰는 어휘라도 대부분 우리말 대응어를 찾아 표기했음을 알 수 있다. 서양인들이 애써 우리말로 풀어놓은 것을 우리는 과감히 내던져 버린 셈이다.

외래어를 어떻게 한글로 표기하여야 하는지에 대한 논쟁은 그만큼 우리가 외래어를 무분별하게 들여다 쓰기 때문에 발생하는 것이다. 외래어 자체를 최소화시키면 외래어 표기법에 대한 논쟁 자체도 최소화될 것이다. 따라서 영어 등의 외래어 표기법 논쟁에 앞서 우리는 그동안 무분별하게 외래어를 들여다 써 온 잘못을 통렬히 반성해야 한다. 우리 사회 전체가 국어기본법 정신을 짓밟아 왔음을 깨달아야 한다.

개화기에 영어 단어의 발음을 우리말로 표기한 예의 대표로 ‘coffee’를 들 수 있다. 다음은 1890년의 Underwood 사전과 1902년의 Hodge 사전에서 각각 ‘coffee’를 풀이한 부분이다.

Coffee, *n.* 가폐, 가폐챠.

Coffee Ka-pee-chah, (*The English word is in use, coffee is un-known to the Coreans*).

Hodge가 'coffee'에 해당하는 한글 표기를 누락한 것은 유감이다. 그런데 그가 '이'를 'ee'로 표기함을 감안할 때 그가 염두에 둔 발음은 '가피차' 혹은 '카피차'였을 것으로 추정된다. Underwood가 '가폐, 가폐차'로 표기한 것과 차이가 나는 표기라고 할 수 있다. 그런데 뒤에 소개하는 것처럼 일제강점기에는 'coffee'를 한자로 '珈琲'(가배), 한글로 '카피' 혹은 '카피차'라고 표기하였다. '카피차'라는 표기는 Hodge의 사전에 나와 있는 내용과 일치하는 것이라고 할 수 있다. ('珈琲'(가배)를 '가비'로 읽기도 하였다. 2012년에 이를 제목으로 한 영화가 개봉되기도 했으며, 저자 미상의 1923년 판 『최신 실용 영어독습』 92쪽에는 'coffee'의 발음을 '커삐'로 표기하고 뜻을 한자로는 '珈琲', 한글로는 '가비'로 제시하고 있다.)

그 외의 예는 별로 없는데, Underwood 사전에서는 다음에서 보는 바와 같이 'yard'를 '야드'로, 그리고 'fork'를 '폭'으로 표기하고 있다.

Yard, (*court*) 마당, 뜰. (*naut.*) 활대, 화륜자.
(*measure*) 야드, 영국필육재눈자, 후야드눈죠션목
척셰자.

Fork, *v.i.* 갈나지오 ‖ *n.* 폭, 외국져.

개화기 영어 고유명사의 한자어 표기

개화기에는 영어 고유명사도 한자로 표기하였다. 1970년대 말에 '나성에 가면'이라는 노래가 유행한 적이 있다. '나성羅城'(두음법칙이 적용되기 이전에는 '라성')은 과거 'Los Angeles'를 지칭하는 한자 표기였다.

개화기에는 한자어 발음을 따라 '워싱턴'을 '화성돈'華盛頓, '샌프란시스코'를 '상항'桑港으로 불렀다. 또 '미국'을 '아메리카'의 한자 표기에 따라 '미리견'彌利堅으로 부르기도 하였다.

당시에는 '프랑스'를 '법국'法國, '독일'을 '덕국'德國, '러시아'를 '아라사'俄羅斯로 부르기도 하였는데, 이 나라들의 말을 가르치는 외국어학교를 각각 '법어학교', '덕어학교', '아어학교'라고 불렀다.

최근에도 간혹 '남가주대학'이라는 말이 사용되기도 하는데, 이는 'University of Southern California'를 가리키는 말이다. 즉 '가주'加州는 '캘리포니아 주'를 자칭하는 한자 표기로서, '남가주', '북가주'는 각각 '남 캘리포니아'와 '북 캘리포니아'를 가리키는 말인 셈이다.

3. 영어의 한글 표기와 관련한 핵심 쟁점

우리말에 들어와 사용되고 있는 영어 어휘를 한글로 표기함에 있어 핵심 쟁점은 다음과 같다.

첫째, 한국어에서 사용되지 않는 영어 소리를 표기하기 위해 현행 한글 자모음 외의 글자를 추가할 것인가?

둘째, 영어의 '[p]/[t]/[k]'와 '[b]/[d]/[g]' 소리를 각각 한글의 어떤 글자로 표기할 것인가?

셋째, 모음의 장음 표시를 할 것인가?

넷째, 동일한 영어 어휘에 여러 발음이 가능할 때 어떤 발음을 기준으로 할 것인가?

다섯째, 외래어 표기법이 제정되기 이전에 통용되던 표기를 어떻게 할 것인가?

첫째 쟁점은 기본적으로 '[f]/[v]/[z]/[θ]/[ð]' 등과 같이 한국어에서 사용되지 않는 소리들을 표기하기 위해 '퓽(ㆄ)/ᄫ(ㅸ)/ㅿ' 등의 새로운 글자를 도입할 것인가의 문제이다. 과거 일시적으로 새로운 글자의 도입을 인정한 시기가 있기는 했지만 현재는 새로운 글자를 도입하지 않는 것으로 정착이 되어 있다. 따라서 이 문제는 더 이상 쟁점이 아니라고 할 수 있다.

둘째 쟁점은 한글을 로마자로 표기할 때의 문제, 즉 'ㄱ/ㄷ/ㅂ'을 'g/d/b'로 표기할 것인지 'k/t/p'로 표기할 것인지의 문제와 동전의 양면을 이루는 쟁점이라고 할 수 있다. 과거 영어의 '[p]/[t]/[k]' 소리를 'ㅂ/ㄷ/ㄱ'으로 표기하거나 (예: cardigan 가디간), '[b]/[d]/[g]' 소리를 'ㅃ/

ㄸ/ㄲ'으로 표기한 경우가 없지는 않았지만 (예: bus 뻐스), 오늘날에는
'[p]/[t]/[k]'는 'ㅍ/ㅌ/ㅋ', '[b]/[d]/[g]'는 'ㅂ/ㄷ/ㄱ'으로 표기하는 것으
로 정착이 되어 있다. 따라서 이것도 더 이상 쟁점이 아니라고 할 수 있
다. (개화기 및 일제강점기 중에는 '[b]/[d]/[g]' 소리를 'ㅺ/ㅼ/ㅅ'로 표기하기
도 하였다. 예를 들어 'bread'를 'ㅼ레드', 'diary'를 'ㅺ이아리', 'gown'을 'ㅺ운'
으로 적는 식이다. 이는 첫째 쟁점, 즉 영어 표기를 위해 새로운 글자를 도입할
것인지의 문제와도 연관이 된다고 할 수 있다.)

　셋째 쟁점은 영어에서 모음의 장단 구분이 매우 중요하기 때문에
발생한다. 상당 기간 우리나라에서는 공식 외래어 표기법에서 모음의
장단 표시를 하였다. 과거 '뉴욕'을 '뉴우요오크', '뉴스'를 '뉴우스', '오
사카'를 '오오사카'로 표기한 데서 보듯이 영어 표기에서뿐 아니라 일
본어 표기에서도 장모음 표시를 하기 위해 '우'나 '오' 등의 모음을 삽입
하였다. 그러나 현행 외래어 표기법에서는 장모음 표시를 하지 않는다.
이는 사실 첫 번째 쟁점과도 관련이 있는데, 외래어라고 하는 것이 이
미 한국어에 들어와 한국어의 일부로 자리잡은 것으로 본다면, 그 표
기는 마땅히 한글 표기와 같은 방법으로 하여야 할 것이다. 한글에서
장모음 표시를 별도로 하지 않으므로 영어 등으로부터 온 외래어 표기
의 경우에도 특별한 표시를 하지 않는 것이 원칙에 더 부합되는 것으
로 생각된다. 모음의 장단과 유사하게 영어에서는 강세도 매우 중요하
다. 그러나 외래어 표기법에서 강세를 표기할 것인지가 쟁점으로 부각
된 적은 없다. 이 역시 외래어 표기법이 한글 맞춤법의 테두리 안에서
이루어지는 것으로 본다면 당연히 표시하지 않는 것으로 정리가 된다
고 할 수 있다.

　넷째 쟁점은 예를 들어 영국과 미국 등 지역에 따라 발음에 차이가
있을 때, 혹은 같은 지역에서 여러 발음이 통용될 때 어떻게 할 것인가

의 문제이다. 우리나라에서는 전통적으로는 표준 영국 영어 발음을 기준으로 표기해 왔다. 그러나 최근 미국식 영어 발음을 표기하는 경우도 늘어나고 있다. 이 점은 앞으로도 계속 논란의 소지가 있을 수 있다고 생각한다.

다섯째 쟁점이 가장 논란이 되는 부분이라고 할 수 있다. 현행 외래어 표기법은 이미 굳어진 외래어는 관용을 존중하되, 그 범위와 용례는 따로 정한다고 규정하고 있다. 그런데 어디까지를 관용으로 인정할지가 항상 문제가 된다고 할 수 있다. 현재까지는 국립국어원이 항목별로 인정 여부를 결정해 왔는데, 그 과정에서 일부 자의적인 결정도 있었기 때문에 외래어 표기법이 혼란스러워 보이게 하는 단초를 제공하고 말았다.

앞 장에서 한글의 로마자 표기에 있어 표기법 원칙 자체를 바꾸는 것보다는 기존 표기법 원칙을 유지하면서 문제를 해결하는 지혜가 필요하다고 했듯이, 외래어 표기법에 있어서도 표기법 원칙 자체를 바꾸는 것보다는 가급적 기존 표기 원칙을 존중하면서 문제를 해결하는 지혜가 필요하다고 할 수 있다.

4. 현행 외래어 표기 원칙

그렇다면 현행 외래어 표기 원칙은 무엇일까? 1986년에 공표되어 현재까지 사용되고 있는 외래어 표기의 원칙은 다음과 같다.

제1항: 외래어는 국어의 현용 24 자모만으로 적는다.
제2항: 외래어의 1 음운은 원칙적으로 1 기호로 적는다.

제3항: 받침에는 'ㄱ, ㄴ, ㄹ, ㅁ, ㅂ, ㅅ, ㅇ'만을 쓴다.

제4항: 파열음 표기에는 된소리를 쓰지 않는 것을 원칙으로
　　　한다.

제5항: 이미 굳어진 외래어는 관용을 존중하되, 그 범위와 용례
　　　는 따로 정한다.

　이 원칙은 영어에서 들어온 외래어뿐 아니라, 독일어, 프랑스어, 이
탈리아어, 일본어 등 여타 외국어로부터 들어온 외래어에 두루 적용
된다. 이 원칙에 더해 각 언어에 대한 표기 세칙이 있는 것이다. 우리의
관심은 영어에서 들어온 외래어의 표기에 국한되어 있으므로 영어의
경우만을 대상으로 논의하기로 한다.

　제1항은 앞에서도 언급한 것과 같이 외래어 표기를 현행 한글 표기
의 틀 속에 넣기 위한 규정이다. 이 규정에 따라 한국어에서 사용되지
않는 영어 소리, 예를 들어 '[f]/[v]/[z]/[θ]/[ð]' 등의 소리를 표기하기
위해 별도의 글자를 만들지 않고, 각각에 가장 가까운 한글 글자를 사
용하게 된다. 이는 결국 외래어 표기는 해당 외국어 어휘의 정확한 발
음을 표기하기 위한 것이 아님을 의미한다. 따라서 한국어 음운 체계
속에서 가장 자연스러운 표기를 선택하면 되는 것이다.

　제5항의 문제에 대해서는 앞에서 이미 설명하였으며 5절에서 구체
적 예를 가지고 다시 논의하기로 하겠다. 또한 제2항과 4항의 문제에
대해서도 5절에서 논의하도록 하겠다. 제3항에 대해서는 5장에서 논
의하기로 한다.

　위 다섯 항의 일반 원칙과 별도로 영어에 대한 표기 세칙이 마련되
어 있는데, 이에 대한 소개 및 논의는 뒤로 미루기로 한다.

외래어 표기법의 변천

우리나라 외래어 표기법의 변천 과정을 살펴보면 다음과 같다.

■ 1933년의 「한글 맞춤법 통일안」 중 외래어 표기 규정

우리나라에서 외래어 표기법과 관련한 원칙이 최초로 마련된 것은 1933년이다. 조선어학회(오늘날 한글학회의 전신)의 「한글 맞춤법 통일안」(1933)은 외래어 표기에 대하여 다음과 같이 규정하고 있다.

> 제6장 제60항. 외래어를 표기할 적에는 다음의 조건을 원칙으로 한다.
> 1. 새 문자나 부호를 쓰지 아니한다.
> 2. 표음주의를 취한다.

1986년부터 시행된 현행 외래어 표기법 원칙 제1항, 즉 "외래어는 국어의 현용 24 자모만으로 적는다"는 원칙은 1933년의 "새 문자나 부호를 쓰지 아니한다"는 원칙을 계승하고 있는 것이라고 할 수 있다. 또한 '표음주의'를 표방한 것은 외래어 표기가 '철자'를 기준으로 하지 않고 '발음'을 기준으로 하는 것임을 천명한 것이라고 할 수 있다.

■ 1941년의 「외래어 표기법 통일안」

이후 조선어학회는 총칙, 세칙, 부록(2장 3절 17항)으로 구성된 「외래어 표기법 통일안」을 1941년에 제정하였는데, 그 중 총칙은 다음과 같다.

> 제1장 총칙
> 1. 외래어를 한글로 표기함에는 원어의 철자나 어법적 형태의 어떠함을 묻지 아니하고 모두 표음주의로 하되, 현재 사용하는 한글의 자모와 자형만으로써 적는다.
> 2. 표음은 원어의 발음을 정확히 표시한 만국음성기호를 표준으로 하여 아래의 대조표에 의하여 적음을 원칙으로 한다.

총칙의 제1항은 기본적으로 1933년에 마련된 두 원칙을 계승하는 것이라고 할 수 있다. 제2항에서 제시한 대조표에 따라 영어의 '[f]'는 'ㅍ'으로 적게 되었다. 영어의 'f'를 'ㅎ'에 대응시키는 일본어식 표기(예: 'fry' 후라이)와 이때부터 공식적으로 차이가 나게 된 셈이다. 당시에는 '[θ]'를 'ㄷ'으로 적었으며, '[ʌ]'를 '아'로 적었다.

주목할 만한 점은 제8항에서 장음을 표시하지 않도록 한 것이며, 제15항에서 "이미 널리 또는 오래 관습되어 아주 굳어진 어음은 굳어진 그대로 적는다"고 하고 '그리스도'Christ, '와이샤쓰'white shirt 등을 예로 들었다.

참고로 1890년에 나온 Underwood의 『한영ᄌᆞ뎐』(한영자전)에서도 'Christ'를 다음에서 보는 것처럼 '그리스도'로 표기했다.

Christ, *n.* 그리스도, 셩즈 *(2nd Person in Trinity).*

■ 1948년의 「들온말 적는 법」

이는 외래어 표기법이라기보다는 외국어 표기법이라고 할 수 있는데, 새 문자나 부호를 사용하지 않는다는 1933년 이래의 원칙이 이때 일시적으로나마 무너지게 된다. 즉 '[f]/[v]/[z]'를 표기하기 위해 'ㅍ(ㅹ)/ㅸ(ㅸ)/ㅿ'을 사용하며, '[l]'을 'ㄹㄹ'로 표기하였다. 또 파열음의 된소리를 인정하며, 장모음을 표기에 반영하였다. 철저한 원음주의를 표방한 표기법이라고 할 수 있는데, 전문적이고 복잡하여 일반인들이 사용하기에 어려운 점이 많아 표기법으로 정착되지 못하였다.

■ 1958년의 「로마자의 한글화 표기법」

우선 이 표기법에서 정한 원칙은 다음과 같다.

1. 외래어 표기에는 한글 정자법을 따른 현용 24 자만을 쓴다.
2. 외래어의 1 음운은 원칙적으로 1 기호로 표기한다. 곧 이음이 여럿이 있을 경우라도 주음만을 표기함을 원칙으로 한다.
3. 받침은 파열음에서는 'ㅂ, ㅅ, ㄱ', 비음에서는 'ㅁ, ㄴ, ㅇ', 유음에서는 'ㄹ'만을 쓴다.
4. 영어, 미어가 서로 달리 발음될 경우에는 그것을 구별하여 적는다.
5. 이미 관용된 외래어는 관용대로 표기한다.

제1항에 의해 'ㅍ(ㅹ)/ㅸ(ㅸ)/ㅿ' 등 새로운 글자를 사용하던 1948년

표기법이 폐기되고, 우리나라 외래어 표기법과 관련한 최초의 원칙인 1933년 「한글 맞춤법 통일안」의 외래어 표기 원칙, 즉 "새 문자나 부호를 쓰지 아니한다"는 원칙으로 돌아가게 되었다.

이때 '아'로 적던 영어 모음 '[ʌ]'가 '어'로 적도록 바뀌었으며, '오'로 적던 '[ou]'는 '오우'로 적도록 바뀌었다. "장모음은 동일 모음을 거듭하여 표기함을 원칙으로 하되, 안 적을 수도 있다"고 하여 장모음이 표기에 반영되기도 하였다. 1970년대에 중고등학교를 다닌 사람들이 교과서에서 본 외래어 표기(예: 코오피, 뉴우요오크, 덴마아크, 오오사카 등)는 이 표기법에 따른 것이었다.

그러다 1978년 12월에 당시의 문교부(오늘날의 교육부)가 외래어 표기에서 장음 표시를 생략하고 '[ou]'를 다시 '오'로 적도록 하는 등의 시안을 마련했는데, 이것이 궁극적으로 1986년 안에 반영되게 된다.

그런데 1958년의 외래어 표기법 원칙은 앞에서 이미 보았다시피 1986년에 공포된 현행 외래어 표기법의 원칙과 매우 유사하다.

■ 1986년의 「외래어 표기법」

앞에서 이미 소개하였지만 현행 외래어 표기 원칙은 다음과 같다.

제1항: 외래어는 국어의 현용 24 자모만으로 적는다.
제2항: 외래어의 1 음운은 원칙적으로 1 기호로 적는다.
제3항: 받침에는 'ㄱ, ㄴ, ㄹ, ㅁ, ㅂ, ㅅ, ㅇ'만을 쓴다.

제4항: 파열음 표기에는 된소리를 쓰지 않는 것을 원칙으로 한다.

제5항: 이미 굳어진 외래어는 관용을 존중하되, 그 범위와 용례는
따로 정한다.

이를 1958년의 표기 원칙과 비교하면, 5개 항 중 4개가 기본적으로
동일하며, 제4항만 차이가 남을 알 수 있다. 그렇다고 해서 세부 사항
에 차이가 없는 것은 아닌데, 1986년의 외래어 표기법에서는 '[θ]'의
표기를 'ㄷ'에서 'ㅅ'으로 바꾸었으며, '[ou]'의 표기는 '오우'에서 '오'로
바꾸었다. 또한 어말과 자음 앞의 유성 파열음 '[b]/[d]/[g]'는 '으'를
붙여 적기로 하고, 단모음 뒤의 어말 무성 파열음 '[p]/[t]/[k]'만 받침
으로 적으며, 'ㅈ/ㅊ' 다음에는 'ㅑ, ㅕ, ㅛ, ㅠ'를 쓰지 않고 'ㅏ, ㅓ, ㅗ,
ㅜ'를 쓰기로 하는 등의 차이도 보인다.

이 표기법에서도 이미 굳어진 외래어는 관용을 존중한다는 원칙을
유지해, 결과적으로는 표기 원칙에 부합하지 않더라도 오랫동안 관
용적으로 사용되어 온 표기는 그대로 인정하고 있다.

5. 영어 어휘 표기 실태

　현행 외래어 표기법 규정은 1986년 1월에 시행된 후 지속적으로 보완되어 왔다. 영어에서 들어온 어휘의 대부분은 기본적으로 이 규정에 따라 표기된다. 그러나 영어 어휘는 그보다 훨씬 오래 전부터 한국어에 들어오기 시작했으며 또 표기되었다. 따라서 오랫동안 이미 관용으로 굳어져 사용되어 오는 것들도 상당수 있다. 이 때문에 현재 우리가 사용하고 있는 영어 어휘 표기에는 원칙과 관용이 충돌하는 지점이 많이 있다. 이런 상황에서는 엄밀한 원칙의 확립 자체가 불가능할 수밖에 없다. 여기에서는 영어 어휘 표기의 실태를 현행 외래어 표기 원칙에 비추어 살펴본 후 그 안에 내재해 있는 일부 문제점들에 대한 개선 가능성을 알아보기로 한다.

5.1. 일본어를 통해 들어온 영어 어휘의 표기

　과거에는 영어에서 온 말들이 일본어식으로 표기되기도 하였다. 예를 들어 'salad'가 '사라다', 'cabbage'가 '캬베쓰', 'battery'가 '빳데리', 'back'이 '빠꾸', 'truck'이 '도락구', 'taxi'가 '닥구시', 'cream'이 '구리무', 'muffler'가 '마후라', 'nylon'이 '나이롱', 'pants'가 '빤쓰', 'shirt'가 '샤쓰', 'buzzer'가 '부자', 'radiator'가 '라지에타', 'concrete'가 '공구리' 등으로 표기되기도 하였다. '변압기'를 '도란스'라고 부르는 것도 'transformer'의 'trans'를 일본어식으로 읽은 것이며, '빵꾸'라는 말은 'puncture'를 'punc'로 줄여 일본어식으로 읽은 것이다. 일제강점기에 '맥주'를 '삐루'라고 쓴 것도 'beer'의 일본어식 표기이다. '난닝구'

는 'running'의 일본어식 발음 'ランニング'(란닝구)에 한국어 두음법칙이 적용된 것이다.

오른편 상단에 있는 것은 일제강점기 중인 1937년 6월 10일자 동아일보에 실린 기사의 제목이다. 'cabbage salad'가 '캬베쓰사라다'로 표기되어 있다. 이 중 '사라다'는 해방 이후에도 상당 기간 사용되었는데, 오른편 하단 사진은 해방 이후인 1969년 7월 29일자 매일경제에 실린 기사의 일부이다.

'캬베쓰'는 '캐비지'로 바뀌었지만, '사라다'는 그대로이다 ('토스트'를 '토스토'로 표기한 것도 역시 일본어식 표기이다). 사람에 따라서는 최근까지도 '샐러드' 대신 '사라다'를 쓰기도 한다. 영어의 'salad'를 일본어에서는 '사라다'처럼 표기할 수밖에 없다. 일본어에서는 영어의 'l'에 해당하는 소리가 사용되지 않으며, 단어 끝에 'd' 자음 홀로 올 수 없다. 또 모음은 '아/이/우/에/오' 다섯 개밖에 사용되지 않는다. 이 때문에 'salad'를 일본어로 아무리 정확하게 표기하려고 해도 '사라다' 이상으로는 할 수가 없는 것이다.

1970년대에는 교과서 등에서 '커피'을 '코오피'로 적었다. 이를 'coffee'의 철자를 그대로 읽은 것으로 볼 수도 있으나, 일본어의 영향을 받은 것으로 볼 수도 있다. 일본어에서는 '커피'를 'コーヒー', 즉 '고오히-'로 읽는다. 영어의 'f' 소리를 한국어에서는 'ㅍ'으로 읽는 데 비해 일본어에서는 'ㅎ'으로 읽으므로 (예: 후라이 = fry, 아후리카 = Africa), '코오피'는 일본의 '고오히'에서 'ㅎ'을 'ㅍ'으로 대체한 것으로 볼 수 있다.

코오피 한잔 80원

全國다방 國産茶는「特製」로 2百원까지

코오피에 담뱃가루섞어

두茶房許可取消 주방장등5名拘束

잔數3倍늘리고 脫臭위해 계란껍질

왼쪽:
1974년 12월 19일자
동아일보 기사

오른쪽:
1976년 5월 29일자
동아일보 기사

그런데 '코오피'라는 표기가 공식화되기 전에는 일반인뿐 아니라, 신문에서도 '커피'라는 표기를 사용하였다. 다음은 1955년 6월 25일자 동아일보 기사의 일부이다. '커피', '커-피'라는 표기가 선명하다. 그렇다면 당시 '커피'라는 표기가 일상적으로 통용되고 있었음에도 불구하고 정부가 나서서 '코오피'라는 표기를 강요했다는 것인데, 당시 이런 표기를 결정한 사람들의 논리가 무엇이었는지 궁금하기만 하다.

日本에도 커피旋風

日本사람들은 그들의 傳統的인 葉茶보다 이제는「커-피」를 더 많이 마시고 있다 한다 即 日本國民全體의 茶消費最은 紅茶가 二百四十萬『파운드』 커피가 最은『파운드』 五百萬『파운드』그리고 茶가 一億二千萬『파운드』의 消費量은 從前보다 『커-피』의 激增한 셈이란다 한다【AP】

1955년 6월 25일자 동아일보 기사. '커피', '커-피'라는 표기가 보인다. 이것이 이후 '코오피'를 거쳐 다시 '커피'로 자리잡게 된 것이다.

앞에서도 언급한 바 있듯이 일제강점기에는 '커피'가 한자로 '珈琲'(가배)로 표기되거나 한글로 '카-피', '카피' 혹은 '카피차'라고 표기되었다. 다음은 1927년 10월 27일자 및 1935년 11월 22일자 동아일보 기사 중 일부이다.

1927년 10월 27일자 동아일보 기사 중 일부. 제목과 본문에 모두 '카피차'와 '카피'라는 표기가 보인다. '카피차' 라는 표기는 앞에서 본 것처럼 Hodge의 사전에서 보인 표기이다. 띄어쓰기가 거의 되어 있지 않으며, 오늘날의 맞춤법과 차이가 많이 나는 점이 주목할 만하다.

1935년 11월 22일자 동아일보 기사 중 일부. 제목에는 '카피차'라고 쓰고 본문에서는 '카피' 라고 쓰고 있다. 옆의 기사보다는 낫지만, 여전히 띄어쓰기가 상당 부분 제대로 되어 있지 않으며, 맞춤법도 차이가 난다.

또 1970년대에는 '뉴욕'을 '뉴우요오크', '뉴스'를 '뉴우스' 등으로 표기하였는데 이 역시 일본어에서 장음을 표시하는 관행을 따른 것으로, 즉 일본어의 영향을 받은 것으로 보아야 한다 (일본어에서는 '뉴욕'을 'ニューヨーク', '뉴스'를 'ニュース'로 표기함).

1976년 1월 1일자 동아일보 기사. '뉴욕'을 당시의 표기법에 따라 '뉴우요오크'라고 적고 있다. 이는 일본어식 표기 'ニューヨーク'를 한글로 옮긴 것에 불과하다.

그런데 정작 일제강점기 당시에는 '뉴욕'이라는 표기가 사용되었다. 다음은 1922년 7월 15일자 동아일보에 실린 잡지 『개벽』의 광고이다. 내용 중 '뉴욕'이라는 표기가 보인다.

1922년 7월 15일자 동아일보에 실린 잡지 『개벽』의 광고.
내용 중 "뉴욕시의 세계적 가치"라는 제목이 보인다. 일제강점기에도 '뉴욕'이라고 표기하던 것을 해방 후에 오히려 일본어식 표기를 따라 '뉴우요오크'라고 표기했다니 그런 표기법을 만든 사람들의 정신 상태를 이해할 수가 없다.

영어의 'l'을 'r'처럼 발음하는 것은 일본어의 영향이다

일본어에는 영어의 'l'에 해당하는 소리가 없다. 그래서 이를 가장 가까운 소리인 'r' 소리처럼 발음하는 것이다. 이에 비해 한국어에서는 '리을'의 발음에서 보듯이 초성에서는 'l' 발음이 사용되지 않으나 종성에서는 'l' 발음이 사용된다.

한국인들이 'salad'를 '샐러드'라고 발음할 수 있음에도 '사라다'라고 발음한 것은 이 단어가 일본어를 통해 한국에 유입되었기 때문이다. 이처럼 일본어의 영향으로 원음의 'l'이 'r'처럼 발음되는 예를 좀 더 들어보면 다음과 같다.

오림픽   (cf. Olympic 올림픽)

테레비   (cf. television 텔레비전)

키로   (cf. kilo 킬로)

카렌다   (cf. calendar 캘린더)

카스테라   (cf. Castella 카스텔라)

카로리   (cf. calory 칼로리/캘로리)

크로바   (cf. clover 클로우버)

그라스   (cf. glass 글라스/글래스)

프라자   (cf. plaza 플라자)

프라스틱   (cf. plastic 플라스틱/플래스틱)

바란스   (cf. balance 밸런스)

부루스   (cf. blues 블루스)

인프레   (cf. inflation 인플레이션)

후라시   (cf. flash 플래시)

마후라   (cf. muffler 머플러)

몽브랑   (cf. Mont Blanc 몽블랑)

'쎄라복'의 '쎄라'는 'sailor'의 일본어식 발음으로, 일본 여고생들이 입는 '쎄라복'은 해군 제복을 본따 만들었기 때문에 붙여진 이름이다. '불도저'bulldozer를 '부르도자'라고 하는 것도 일본어식 발음이며, '코스프레'라는 말도 'costume play'의 앞부분만을 합쳐 만든 표현으로 'l' 발음이 없는 일본어의 특징을 보여주는 것이다.

'flash'나 'muffler'의 'f'를 'ㅎ'으로 표기하는 것도 앞에서 지적한 것처럼 일본어의 영향 때문이다. 'philopon'(필로폰)이 '히로뽕'으로 알려진 것도 마찬가지이다. 또한 오늘날 '애프터 서비스'라고 표기하는 일본어식 영어 표현을 과거에 '아후타 써비스' 혹은 '아후터 써비스'라고 표기한 것도 일본어의 영향 때문이다.

야시 카는 世界의 브랜드./
110個國에 아후타써비스網 完備

1967년 10월 28일자 동아일보에 실린 광고. '아후타써비스'라는 표기가 보인다.

난방기구 열풍기 신발매. 철저한 아후터써비스!

1969년 10월 13일자 매일경제에 실린 광고. '아후터써비스'라는 표기가 보인다.

개화기와 일제강점기 중에 한국인들은 '[f]' 소리를 'ㅇㅍ'로 표기하는 경향이 있었다. 앞에서도 소개한 바 있는 저자 미상의 1923년 판 『최신 실용 영어독습』이라는 책에는 영어 발음이 한글로 표기되어 있는데, 'fry'는 'ㅇㅍ라이'(p. 86), 'fly'는 'ㅇㅪ라이'(p. 96)로 표기되어 있다. 이는 비단 이 책뿐 아니라, 다른 책에서도 대부분 마찬가지이다. 이를 통해 '[f]'를 'ㅎ'으로 표기하는 것은 일제강점기의 잔재이며, '[r]'과 '[l]'의 구분이 흐려진 것도 일제강점기의 잔재임을 확인할 수 있다.

■ 계란 후라이와 후라이 보이

'계란 후라이'에서 '후라이'는 앞에서도 언급한 영어 단어 'fry'를 가리킨다. '프라이'라는 말이 표준어로 되어 있으나, 일상적으로는 '후라이'라는 말이 더 빈번하게 사용되는 것으로 보인다. '후라이'건 '프라이'건 구별할 필요 없이 우리말 '부침'을 사용하면 간단할 것이다.

그런데 1960년대와 70년대에 희극인 겸 사회자로 활동하던 '후라이 보이 곽규석'이라는 사람이 있었다. 그가 '후라이 보이'라는 예명을 사용한 것은 그가 공군 군악대 출신이기 때문이다. '공군' 출신임을 나타내기 위해 'Fly Boy'라는 예명을 사용하였는데, 이 'Fly Boy'를 일본어식으로 '후라이 보이'라고 발음한 것이다. 즉 일본어에서는 'fry'와 'fly'를 구별하지 못하고 둘 다 '후라이'라고 받아들일 수밖에 없는 노릇이다. 우리말에서 '후라이까다'라는 말은 이 '후라이 보이'가 사람을 웃기는 말을 잘 해서 생긴 표현일지도 모르겠다. 다음은 그의 별세 소식을 전하는 1999년 9월 2일자 경향신문 보도이다.

'후라이보이' 곽규석씨 별세

70년대 쇼무대를 풍미했던 「후라이보이」곽규석(郭圭錫·사진)씨가 지난달 31일 오전 8시30분 뉴욕에서 지병인 췌장암으로 세상을 떠났다. 향년 71세. 81년 KBS 「후라이보이 은퇴 특집쇼」를 끝으로 연예계를 떠난 곽씨는 구봉서·신영균씨와 함께 연예인교회를 설립했고 86년 목사안수를 받았다. 이후 미국으로 건너가 뉴욕 한마음침례교회를 설립하고 현지에서 목회활동을 펼쳐왔다.

곽씨는 1951년 공군 군악대 시절 명동의 은성뮤직살롱에 출연하면서 「후라이보이」(Fly Boy)로 불리기 시작했다. 그는 총소리·비행기 폭격·함포사격 등의 뛰어난 성대모사로 「원맨쇼」영역을 개척했고 구봉서씨와 쌍벽을 이루는 코미디언으로 활동하면서 「한국의 채플린」으로 불리기도 했다.

영어 어휘의 일본어식 표기는 그동안 많이 사라졌다. 그럼에도 일부가 남아 여전히 우리말 속에서 사용되기도 한다. 예를 들어 일부에서 '환풍기'를 '후앙'이라고 부르기도 하는데, '후앙'은 'fan'의 일본어식 발음이다. 일부에서 사용하는 '후록구'라는 말도 '요행'을 뜻하는 영어 단어 'fluke'의 일본어식 발음이다. 또한 '코오롱' 그룹의 모태가 된 '한국나이롱'의 '나이롱' 역시 'nylon'의 일본어식 발음으로, '코오롱'의 영문 표기 'Kolon'은 'Korea'의 'Ko-'와 'nylon'의 '-lon'을 합친 것이다.

일본어적 성격이 두드러진 표기는 많이 사라졌지만, 그럼에도 불구하고 현재 사용되고 있는 외래어 표기 중 실제 영어 발음과 차이가 있는 것은 은연중 일본어식 표기의 영향을 받은 것일 수도 있다. 특히 영어 철자 'a/e/i/o/u'를 '아/에/이/오/우'에 대입시켜 표기하는 것 중 실제 영어 발음과 차이가 나는 것들은 그럴 가능성이 있다.

이런 것들이 이미 굳어져 관용으로 인정되는 경우에는 현행 외래어 표기 원칙과 충돌을 일으키기도 한다. 결국 이런 것들이 현행 외래어 표기법의 일관성을 저해하는 셈이라고 할 수 있는데, 모든 외래어 표기법을 정해진 원칙에 부합시키기 위해 이미 확립된 관행마저 바꾸는 것은 좋은 생각이 아닐 것이다. 따라서 여기서도 원칙을 흔들지 않으면서 문제를 해결하는 지혜가 필요해진다. 무엇보다도 외국어를 무분별하게 우리말 속에 들여와 쓰는 잘못에서 벗어나는 것이 중요하다. 또 이미 들어와 사용되고 있는 외래어라고 하더라도 가급적 순수 우리말로 다듬어내려는 노력을 병행해야 한다. 그런 전제 하에서 현행 외래어 표기법에 따른 영어 어휘 표기에 개선할 점은 없는지에 대해 논의해 보기로 하자.

영어 외의 외국어에서 온 어휘의 표기

영어뿐 아니라, 독일어 등 다른 외국어 어휘도 일제강점기에 일본을 통해 들어오기도 하였는데, 이들 중 일부는 이후 영어식 발음으로 표기가 바뀌기도 하였다. 예를 들어 '에너지'는 원래 독일어 발음인 '에네르기'Energie로 들어왔지만, 후에 영어식 발음인 '에너지'로 바뀌었다. 다음은 1960년 8월 3일자 경향신문 기사이다.

宇宙船의 動力으로 太陽「에네르기」를

1960년 8월 3일자 경향신문. '에너지' 대신에 '에네르기'라는 표현을 사용하고 있다.

'백신'도 원래는 일본어의 영향으로 '왁진'(cf. 독일어의 'Vakzin')으로 표기되다가 '백신'(cf. 영어의 'vaccine')으로 바뀐 것이며, '바이러스'도 '비루스'로 표기되다 '바이러스'로 바뀐 것이다 ('virus'를 일본어에서 'ウイルス'(우이루스) 혹은 'ウィルス'(위루스)라고 하기도 하는데, 이는 라틴어 발

음 '위루스'를 따른 것임). 독일어 발음을 따른 '알레르기'는 최근에도 사용되고 있으나, 간혹 '알러지'나 '앨러지' 등 영어 발음도 사용되고 있다.

5.2. 현행 표기의 일관성 문제

　앞에서 언급한 것과 같은 일본어식 표기는 이제 대부분 사라졌다. 여기에서는 현행 외래어 표기법에 따른 영어 어휘 표기 중 문제의 소지가 있는 것들을 소개하고, 그것들을 어떻게 해야 할지에 대한 논의를 하기로 한다.

　논의를 시작하기에 앞서, 영어 표기를 함에 있어 철자를 중시할 것인지, 발음을 중시할 것인지의 문제부터 생각해 보기로 하자. 앞 장에서 지적하였다시피 영어는 철자와 발음을 1:1로 대응시키기가 불가능한, 다시 말해 지극히 무질서한 철자 체계를 가지고 있다. 즉 동일한 철자가 다양한 발음을 나타내기도 하며, 동일한 발음이 다양한 철자로 표기되기도 한다. 또 여러 글자가 모여 하나의 소리를 나타내기도 하며, 하나의 글자가 여러 개의 소리를 나타내기도 한다. 경우에 따라서는 철자는 있는데 거기에 대응하는 소리가 없을 수도 있으며, 소리는 있는데 거기에 대응하는 철자가 없을 수도 있다. 또한 예외가 너무 많다. 따라서 영어를 한국어로 표기함에 있어, 철자를 존중하는 것은 무의미하며, 당연히 발음을 중시할 수밖에 없다. (이는 다른 외국어의 경우도 마찬가지이다. 따라서 우리나라의 외래어 표기법은 철자가 아니라 발음을 중시하는 표기가 될 수밖에 없다. 이를 흔히 '원음주의'라고 부른다. 예를 들어 같은 'Albert'라고 표기가 되어 있어도, 이를 영어로는 '앨버트', 독일어로는 '알베르트', 프랑스어로는 '알베르'라고 표기할 수밖에 없는 것이다.)

그런데 영어에는 발음상 영국 영어와 미국 영어의 큰 구분이 있고, 영국과 미국 안에서도 다양한 방언적 차이가 존재한다. 경우에 따라서는 같은 영국 영어나 미국 영어 안에서 한 단어가 하나 이상의 발음을 보일 때도 있다. 또 시대에 따라 발음이 변화하기도 한다. 따라서 영어 어휘를 한글로 표기함에 있어 그 준거가 되는 발음을 어떻게 정할 것인가 하는 문제가 발생한다.

과거에는 주로 표준 영국 영어에 따른 표기가 이루어져 왔다. 이에 따라 'tomato'는 '토마토', 'route'는 '루트', 'leisure'는 '레저'로 표기되고 있다.

'o'의 발음도 주로 영국 영어에 따라 '오'로 적는다 (미국 영어에서는 '아'로 발음되는 경우가 많음). 즉 'shopping', 'shocking' 등을 '샤핑', '샤킹'으로 적지 않고 '쇼핑', '쇼킹'으로 적는다. 또 'Robert', 'Donald' 등은 영국인인지, 미국인인지를 구분하지 않고 '로버트', '도널드'로 적는다. '라버트', '다널드'로 적지 않는 것이다. 'Bobby'도 '보비'로 적는다. 그렇지만 'Bob'은 '보브'나 '봅'이 아니라 '밥'으로 적는다. 당연히 일관성이 결여되는 표기이다. (현행 외래어 표기법에 따르면, 영어 어말의 'b'는 '태브'tab, '허브'hub 등에서 보듯이 '브'로 적는다. 이에 따르면 'Bob'은 '보브'로 적어야 하나, '밥'을 관용으로 인정하고 있다. 이런 표기는 당연히 일관성 문제를 제기한다.)

주로 영국 발음에 따라 적는 'o'의 경우와 달리, 'a'는 주로 미국 발음에 따라 '애'로 적는다. 예를 들어 'and', 'bath', 'demand' 등은 '안드', '바스', '디만드'로 적지 않고 '앤드', '배스', '디맨드'로 적는다. 하지만 'half'는 영국 영어에 따라 '하프'로 적는다. 여기에서도 일관성의 문제가 제기된다.

'o'의 경우는 주로 영국식으로, 'a'의 경우는 주로 미국식으로 적는다면, 그래야 할 특별한 이유가 없는 한, 그 표기법은 당연히 일관성이 없는 표기가 될 수밖에 없을 것이다.

'[ə]'로 발음되는 'a'는 '어'로 적기도 하지만, 어말의 'a'의 경우에는 대부분 '아'로 적는다. 그러나 어말이 아닌 경우에도 '[ə]'로 발음되는 'a'를 '아'로 적는 경우가 있다 (예: 'Alaska', 'Texas'는 실제 발음이 '얼래스커', '텍서스'에 가깝지만 '알래스카', '텍사스'로 적음). 'a'뿐 아니라 다른 모음도 강세를 받지 않는 경우 '[ə]'로 발음되기도 하는데, 이때 발음인 '어'를 적지 않고, 철자인 'e'나 'o'를 따라 '에'나 '오'로 적는 경우도 있다. 예를 들어 'Tennessee'는 [tènəsíː]로 발음되나 '테너시'로 적지 않고 '테네시'로 적으며, 'saxophone'과 'memory'는 각각 '[sæksəfoun]'과 '[méməri]로 발음되나 '색서폰'이나 '메머리'로 적지 않고 '색소폰', '메모리'로 적는다.

외견상 이런 혼란이 일어나는 이유는 외래어 표기법 원칙이 제정되기 이전에 사용되던 표기 중 일부가 이미 굳어져 관용으로 인정받기 때문이다. 한글의 로마자 표기법과 마찬가지로 외래어 표기법에서도 완벽한 원칙이나 표기법은 불가능하다. 따라서 현행 표기 원칙을 대부분 존중하면서 그 안에서 제기되는 문제점을 살펴보고 나름대로 개선 방향을 모색해 보기로 한다.

① 라스베이거스Las Vegas와 텍사스Texas

1990년대 중반까지 'Las Vegas'는 '라스베가스'로 표기되었다. 그런데 이것이 1996년 3월 22일 국립국어연구원과 한국신문방송편집인협회가 공동으로 운영한 정부언론외래어심의공동위원회 제10차 회의 결정에 의해 '라스베이거스'로 바뀌게 되었다.

'Las Vegas'의 정확한 영어 발음은 [làs véigəs]'이다. 이를 최대한 가깝게 한글로 옮기면 '라스베이거스'가 된다. 따라서 1996년의 결정은 보다 정확한 영어 발음을 나타내기 위해 '라스베가스'를 '라스베이거스'로 바꾼 것으로 이해할 수 있다.

그렇다면 'Texas'도 발음이 [téksəs]'이므로, '텍사스'라고 하지 말고 '텍서스'라고 해야 한다. 그러나 현행 표기법에 따르면 '라스베가스'는 '라스베이거스'라고 해야 하지만, '텍사스'는 '텍서스'라고 하면 안 된다. 이는 'Kansas', 'Christmas'의 경우에도 마찬가지이다. 즉 '캔저스', '크리스머스'라고 하면 안 되고, '캔자스', '크리스마스'라고 해야 한다.

왜 이런 일이 일어나는 것일까? 국립국어원에서 'Las Vegas'의 표기를 고칠 때 유사한 경우를 모두 고치지 않고 극히 일부만을 예외적으로 고쳤기 때문이다. 그리고 고치지 않는 경우를 이미 굳어져 관용이 되었다고 치부했기 때문이다.

이는 결국 1996년 3월 당시에 '텍사스'는 이미 굳어져 관용이 된 것으로 본 반면, '라스베가스'는 아직 굳어지지 않은 것으로 보았음을 의미한다. 도대체 이미 굳어져 관용이 되었는지 여부를 어떻게 판단한다는 것일까?

다음은 1995년 5월 25일자 매일경제에 실린 해외여행 광고이다. '라스베가스'라는 표기가 보인다.

같은 날 매일경제에는 다음 기사도 실려 있다.

도박에 빠져든 학생들

◇신세대보고 어른들은 몰라
요 「교실 라스베가스」〈KBS
1 오후7시〕35분〉

방송 프로그램의 제목임에도 '라스베가스'라는 표기를 사용하고 있다.
이는 당시에 '라스베가스'라는 표기가 매우 일반적으로 사용되고 있었
음을 의미한다.

　이러다 보니 그 무렵 같은 글에 '라스베가스'와 '라스베이거스'라는
표기가 함께 등장하기도 한다. 옆에 보인 것은 1996년 9월 1일자 한겨
레신문의 기사이다. '라스베가스를 떠
나며'라는 제목의 영화를 소개하는 기
사인데, 소개 글에서는 '라스베이거스'
라고 표기해 기사를 읽는 사람들에게
혼란을 주고 있다.

　라스베가스를 떠나며 ┃ 왜 그
렇게 절
망적이어야 하는지, 술과 더불어
숨을 거둘 곳으로 왜 화려한 라스
베이거스를 택했는지, 그런 속에
서 굳이 연인이 필요한 것인지 따
위의 친절한 설명은 없다.

공식 외래어 표기가 '라스베이거스'로 바뀌고도 20년 이상이 흐른 지금까지 상당수 한국인이 '라스베이거스'보다는 '라스베가스'라는 표기를 더 친숙하게 생각하고 있다. 따라서 '라스베이거스'는 이미 관용이 된 '라스베가스'를 영어 발음에 더 가깝게 표기하기 위해 무리하게 표기를 바꾼 예로 볼 수 있다. 이렇게 일부에서는 과감히 관용을 바꾸면서, 다른 한 쪽에서는 굳어진 관용을 존중한다는 식의 이중적인 태도를 취하고 있기 때문에 외래어 표기가 혼란스럽고 일관성이 없는 것이다. 관용을 인정한다는 조항을 유지하려면 '라스베가스'의 경우도 관용을 인정하여 그대로 두는 것이 훨씬 더 나았을 것으로 생각된다. ('라스베이거스'와 유사한 예로 'Pennsylvania'를 들 수 있다. 현행 외래어 표기법에서는 'Pennsylvania'를 '펜실베이니아'로 적고 있지만 실생활에서는 '펜실베니아'도 여전히 사용되고 있다.)

② 애리조나Arizona와 나이아가라Niagara

'Arizona'는 과거에는 흔히 '아리조나'로 표기되었다. 특히 1960년경 등장한 '아리조나 카우보이'라는 유행가 이후 '아리조나'라는 표기는 거의 일상화되어 있었다.

'Arizona'를 지금은 '애리조나'로 적는다. 그런데 'Arizona'의 실제 발음인 '[ærizóunə]'를 가장 가깝게 한글로 표기하면 '애리조우너'가 된다. 그럼에도 불구하고 현행 외래어 표기법에 따르면 '[ou]'는 '오우'로 적지 않고 '오'로 적으며, 고유명사의 경우 단어 끝의 'a'는 발음이 '[ə]'라도 '아'로 적는다. 이 때문에 'Arizona'를 '애리조우너'로 적지 않고 '애리조나'로 적는 것이다.

이 역시 1990년대 중반 이후에 생긴 현상이다. 이 예는 일단 '[æ]'로 발음되는 철자 'a'는 '아'로 적지 않고 '애'로 적어야 함을 보여준다.

이에 따라 'Alaska'는 '알래스카', 'Indiana'는 '인디애나', 'Alabama'는 '앨라배마'로 적는다. ('Alaska'의 첫 번째 'a'와 'Alabama'의 두 번째 'a'의 경우에는 '[ə]'로 발음되며 단어 끝에 위치하지도 않는다. 따라서 이는 '[ə]' 발음이지만 '아'로 적을 수 있는 예외 조건에 해당하지 않는다. 그럼에도 불구하고 '아'로 적고 있으므로 마땅히 이에 대한 적절한 설명이 있어야 한다. 하지만 없다. 앞에서 소개한 'Las Vegas'에서는 'Vegas'의 'a'가 '[ə]'로 소리 나기 때문에 '어'로 적은 것을 생각하면, 이는 명백히 일관성을 결여한 표기이다.)

거기에 비해 'Niagara'는 일반적으로 '나이애거러'나 '나이애그러'에 가깝게 발음됨에도 '나이아가라'로 적는다. 다시 말해 'Niagara'의 경우에는 '애'로 소리 나는 'a'나 '어'로 소리 나는 'a' 구별 없이 모두 '아'로 적는 것이다. 최소한 'Arizona'나 'Alaska', 'Alabama'의 경우처럼 '[æ]'로 발음되는 철자 'a'를 '애'로 적는다는 원칙을 유지하려면 'Niagara'는 '나이애가라'로 적어야 한다. 그렇게 하지 않고 '나이아가라'라는 표기를 유지하는 것은 이것이 이미 굳어져 관용이 된 것으로 본다는 의미이다.

그러나 '아리조나'와 '나이아가라' 중에서 유독 '나이아가라'는 관용으로 인정하고 '아리조나'는 '애리조나'로 고쳐야 하는 이유가 불분명하다. 이 역시 일부 예만 선택적으로 수정하고 나머지는 관용으로 인정한 외래어심의위원회의 무책임한 태도에서 기인하는 것이다.

혹시 '[æ]'로 발음되는 'a'를 '애'로 적는 것은 미국의 주 이름의 경우에만 해당하는 것일까? '애리조나', '알래스카', '앨라배마' 등을 보면 그럴 것 같기도 하다. 그러나 역시 미국의 주 이름의 하나인 'Nevada'[nəvǽdə]는 'v' 다음의 'a'가 '[æ]'로 발음됨에도 '애'가 아니라 '아', 즉 '네바다'로 적는다. 다시 말해 현행 외래어 표기법에 따르면 'Nevada'[nəvǽdə]는 '너배다'로 적어야 하지만 '네바다'를 관용으로 인정해 이 표기를 유지하고 있는 것이다. 당연히 현행 외래어 표기법이 '[æ]'로 발음되는 'a'의 표기에 있어 일관성이 결여되어 있다고 할 수 있다.

(참고: 트럼프 대통령을 비롯해 미국인 중에도 'Nevada'를 '[nəváːdə]', 즉 'v' 다음의 'a'를 '아'로 발음하는 사람들도 있다. 그러나 'Nevada' 주민들은 '[nəváːdə]'라는 발음에 강한 거부감을 가지고 있다. 따라서 미국의 정치인들이 'Nevada' 주에 와서는 그들의 귀에 거슬리지 않게끔 '[nəvǽdə]'라고 정확하게 발음하려고 노력하기도 한다. 이와 관련해서는 다음의 NBC 뉴스를 참고하기 바란다. cf. https://www.youtube.com/watch?v=fmUf9FDUOTk)

단어 끝의 'a'는 발음이 '[ə]'라도 '아'로 적는 규정

단어 끝의 'a'를 '어/아'를 구분하지 않고 '아'로 적는다는 것은 1986년 4월에 당시의 국어연구소(오늘날 국립국어원의 전신)가 정한 규정이다. 그 직전인 1985년 말에 확정 공표(실제로는 1986년 1월부터 시행)된 외래어 표기법에 따르면, 어말의 'a'를 지명에서는 '아', 인명에서는 '어'로 적도록 되어 있었다. 따라서 사람 이름인 'Gloria'는 원래 '글로리어'로 적도록 되어 있다가 새 규정에 의해 '글로리아'로 적게 된 것이다. 같은 'a'를 지명과 인명을 구분해 달리 적을 생각을 도대체 누가 했는지 기가 막힌다.

다음은 이와 관련된 내용을 전하는 1986년 4월 28일자 동아일보 기사이다.

이 규정은 단어 끝의 'a'에만 해당하기 때문에, 단어 맨 앞이나 중간에 나오는 'a'의 경우에는 '어/아'를 구분해 적어야 할 것으로 해석된다. 그렇지만 앞에서 보았다시피 'Las Vegas'는 '라스베이거스'로 적어 '[ə]'로 소리 나는 'a'를 '어'로 적음에 비해, 'Alaska'[əlǽskə], 'Alabama'[æ̀ləbǽmə]는 '알래스카', '앨라배마'로 적어 '[ə]'로 소리 나는 'a'도 '아'로 적는다. 역시 앞에서 이야기하였다시피 'Niagara'[naiǽgərə]의 경우는 '나이아가라'로 적어 '[æ]'와 '[ə]'로 소리 나는 'a'를 모두 '아'로 적는다.

'Dallas'와 'Texas'의 경우도 마찬가지로 혼란스럽다. 'Dallas'는 'Texas'의 대표적 도시 중 하나인데, 'Dallas'의 'as'나 'Texas'의 'as' 모두 '[əs]'로 발음된다. 하지만 'Dallas'는 '댈러스', 'Texas'는 '텍사스'로 적는다. 도시 이름의 '[ə]'는 '어'로, 주 이름의 '[ə]'는 '아'로 적어야 한다는 것인가?

이와 같은 자의적인 표기는 당연히 혼란을 일으킨다. 외래어 표기법이 한글 맞춤법의 일부임을 생각할 때 일반인에게 지나친 혼란을 주는 표기법은 당연히 개선되어야 할 것이다.

현행 외래어 표기법에서는 '[ə]'로 발음되는 단어 앞이나 중간의 'a'에 대한 표기로 '어'와 '아'가 무원칙하게 혼재되어 있다. 사람 이름의 경우나 일반 영어 어휘의 경우에는 '어'가 대부분이나 지명의 경우에는 '아'도 상당히 많이 쓰인다. 아무리 그렇다 하더라도 'Texas'와 그 주를 대표하는 도시의 하나인 'Dallas'를 표기하면서 같은 발음의 'a'를 하나는 '아', 다른 하나는 '어'로 적는 것은 지나쳐 보인다. 'Texas'를 '텍사스'로 적는다면 'Dallas'는 '댈라스'로 적는 것이 나을 것이며, 'Dallas'를 '댈러스'로 적는다면 'Texas'는 '텍서스'로 적는 것이 나을 것이다.

③ 새너제이San José와 샌앤토니오San Antonio

오늘날 '새너제이'로 표기되는 미국의 지명 'San José'는 원래 스페인어 이름이었다. 이를 과거에는 스페인어 발음을 따라 '산호세'라고 적었으나, 오늘날에는 미국식 발음을 따라 '새너제이'라고 적는다. 'San José'를 '새너제이'로 적는다는 규정도 1996년 3월 22일 정부언론외래어심의공동위원회 제10차 회의에서 만들어졌다.

'San José'를 '산호세'로 적으려면 'San Francisco'의 'San'도 '산'으로 적어야 한다. 그러나 만일 'San Francisco'의 'San'을 '샌'으로 적는다면 'San José'의 'San'도 '샌'으로 적어야 한다.

'San Francisco'의 'San'을 '샌'으로 적는다는 전제 하에 '산호세'라는 표기는 적절히 수정되어야 한다. 또 스페인어를 사용하는 코스타리카에 있는 같은 이름의 도시와 구별하기 위해서라도 미국의 도시 'San José'는 스페인어 발음이 아닌 영어 발음을 반영해 표기하여야 할 것이다. 그렇다면 '새너제이'라는 표기가 과연 적절한 표기일까?

'San José'를 '새너제이'로 적는 것은 'J'를 묵음으로 간주하고 'San'의 마지막 소리인 'n'을 그 다음의 모음인 'o'에 붙여서 마치 'Sa-nosé'처럼 음절 구조를 바꾸어 적었기 때문이다. 이는 마치 'San' 다음에 모음이 나오면 'n'을 그 다음의 모음과 합쳐 적어야 한다는 규정이라도 있는 것처럼 보이게 한다.

그렇다면 'San Antonio'[sæn æntóuniòu]는 어떻게 적어야 할까? 'San' 다음에 'A' 즉 모음이 나오므로 '새낸토니오'라고 적어야 할까? 그런데 'San Antonio'는 '샌안토니오'라고 적는다. 'Antonio'를 '앤토니오'로 적지 않고 '안토니오'로 적는 것은 관용으로 인정하였기 때문이라고 하자. 그렇다면 '새너제이'에서는 '샌'이 아니라 '새'로 적으면서 '샌안토니오'는 왜 '새난토니오'로 적지 않는 것일까?

영어 표기 세칙 제10항의 두 번째 규정으로 "원어에서 띄어 쓴 말은 띄어 쓴 대로 한글 표기를 하되, 붙여 쓸 수도 있다"는 규정이 있다. 이 규정에 따르면 'San José'의 'San'은 일단 '샌'으로 독립시켜 적어야 한다. 그리고 나서 이를 'José'의 한글 표기와 띄어 쓰거나 붙여 써야 하는 것이다. 따라서 'San José'의 'San'을 '샌'으로 독립시켜 적지 않고 '새너제이'에서처럼 '새'로 적는 것은 일단 영어 표기 세칙 제10항의 두 번째 규정을 위반하는 것이라고 할 수 있다.

또한 'San José'의 영어 발음은 '[sæn houzéi]'이다. 이는 스페인어의 'j'가 '[h]'로 발음됨을 반영한 발음이다. 그런데 미국 영어에서는 강세를 받지 않는 '[h]'는 탈락되는 경향이 있다. 그렇기 때문에 빨리 발음하는 경우 'San José'가 '[sæn ouzéi]'처럼 들리는 것이다. 이를 1996년 3월의 심의회에서 누군가 '새너제이'로 표기해야 한다고 주장해 관철시킨 것으로 보인다.

그러나 '[sæn ouzéi]'를 기존의 표기법에 따라 적더라도 '새너제이'가 되지는 않는다. 앞에서 언급하였다시피 'San'을 '샌'으로 적어야 하고, 또 '[ou]'는 '오'로 적는다는 현행 규정을 따르면 '샌오제이'가 된다.

그런데 이 경우처럼 어떤 음운이 탈락할 수도 있다고 해서 그 음운에 대한 표기를 생략해야 할 것인지에 대해서는 신중히 생각해 보아야 한다.

예를 들어 'handbag'의 경우 실제 발음에서는 'd'가 탈락하는 경향이 있다. 그렇다고 이를 '핸드백'이 아니라 '핸백'으로 적어야 할 것인가? 또 'sentimental'의 경우 'n' 다음에 나오는 't'가 탈락할 수 있다고 해서 '세니메널'이라고 적을 것인가? 일상 대화에서는 탈락시킬 수 있다고 하더라도 또박또박 발음할 경우를 기준으로 외래어 표기를 하는 것이 일반적이므로 'San José'의 경우도 '[sæn houzéi]'의 발음을 살려 '샌호제이'라고 적는 것이 더욱 합당하리라고 생각한다.

최소한 '새너제이'라는 표기는 현행 영어 표기 원칙과 상당한 괴리가 있는, 단순히 그 겉소리만을 좇아 표기한 것이다. 이는 어떤 형태로든지 현행 외래어 표기법 테두리 안에서 시정되어야 한다고 생각한다.

앞에서 언급한 것처럼 이를 '샌호제이'라는 표기로 바꾸는 것이 현행 외래어 표기법 원칙에 더 부합하고 더 바람직한 표기이므로 이렇게 바꿀 것을 제안한다.

④ 그랜드캐니언Grand Canyon

일상생활에서 여전히 '그랜드캐년'이라고 발음하고 표기하는 'Grand Canyon'을 현행 외래어 표기법에서는 '그랜드캐니언'으로 적는다. 이는 현행 외래어 표기법 제9항의 3번째 항목인 다음 규정에 의해서이다.

반모음 [j]는 뒤따르는 모음과 합쳐 '야', '얘', '여', '예', '요', '유', '이'로 적는다. 다만, [d], [l], [n] 다음에 [jə]가 올 때에는 각각 '디어', '리어', '니어'로 적는다.

이와 함께 제시된 예는 다음과 같다.

yard	[jɑːd]	야드
yank	[jæŋk]	얭크
yearn	[jəːn]	연
yellow	[jelou]	옐로
yawn	[jɔːn]	욘
you	[juː]	유
year	[jiə]	이어
Indian	[indjən]	인디언
battalion	[bətæljən]	버탤리언
union	[juːnjən]	유니언

위의 예 중 'Indian'과 'union'에 나오는 '-ian' 및 '-ion'의 'i'가 '[j]'로 발음된다고 표기한 것에 동의하기 어렵다. 이들은 분명히 독립된 모음인 '[i]'로 발음될 수 있다. 단지 빨리 발음할 때 '[j]'로 볼 수 있는 여지가 있을 뿐이다. 따라서 이들을 굳이 '[j]' 발음에 대한 예로 들 필요가 없다. 앞에서 생략 가능한 경우라도 또박또박 발음할 경우를 기준으로 삼아 표기하는 것이 바람직하다고 하였으므로 이들의 경우에도 또박또박 발음할 경우를 기준으로 '[i]' 모음을 '이'로 표기하면 되리라고 생각한다.

그러나 'Grand Canyon'의 'canyon'은 그 발음이 '[kǽnjən]'이다. 따라서 반모음은 뒤따르는 모음에 합쳐 적는다는 일반 규정에 따라 '그랜드캐년'으로 적는 것이 오히려 낫다. '그랜드캐년'을 '그랜드캐니언'으로 고친 것은 'Indian'은 'Indi-an', 'canyon'은 'ca-nyon'으로 다른 음절 구조를 보임에도 'Indian'의 '-ian'과 'canyon'의 '-yon'을 같은 것으로 본 오류에서 기인하는 것이다. 'Grand Canyon'은 마땅히 '그랜드캐년'으로 되돌려야 할 것이다. 규정의 잘잘못을 떠나 '나이아가라'를 관행으로 인정하는 국립국어원이 1970년대에 국어 교과서에 등장해 수많은 한국인의 기억에 남아 있는 '그랜드캐년'이라는 표기를 관행으로 인정하지 않고 굳이 '그랜드캐니언'이라고 어색하게 바꾸어 놓은 것을 이해할 수가 없다.

⑤ 밥 돌Bob Dole과 보브 호프Bob Hope

앞에서도 언급한 바 있지만, 현행 표기법에서는 영어 이름 'Bob'을 '밥'으로 표기한다. 'Bob'은 'Robert'의 애칭이다. 영어권에서는 자기 이름을 짧게 줄여 가까운 사이에서 사용하는데 (이를 영어로는 'nickname'이라고 함), 'Robert'라고 해서 'Bob'만 사용하는 것은 아니고 'Bobby',

'Rob', 'Robbie' 등 다양한 형태를 사용한다. 사람에 따라 애칭을 사용하지 않고 'Robert'만을 사용하기도 하며, 영국 시인 'Robert Burns'는 'Rabbie'라는 애칭을 사용하였다.

그런데 'Robert'와 'Bob'의 'o'는 영국 영어에서는 '오', 미국 영어에서는 '아'에 가깝게 발음된다. 현행 표기법은 이 중 'Robert'는 '로버트', 즉 영국식으로, 'Bob'은 '밥', 즉 미국식으로 표기하고 있는 것이다. 같은 사람의 이름을 줄이기 이전에는 영국식으로, 줄인 이후에는 미국식으로 표기하는 것을 일관성 있는 표기라고 할 수 있을까?

거기에 더해 'Bobby'는 '바비'가 아니라 '보비'라고 표기한다. 'Bob'을 '밥'으로 표기하는 것이 일반인들이 관용적으로 사용하기 때문이라면, 'Bobby' 또한 일반인들이 주로 '바비'라고 발음하므로 이 표기를 따라야 하지 않을까?

'Robert'(로버트), 'Bob'(밥), 'Bobby'(보비)의 표기에서 우리 외래어 표기법이 처한 딜레마가 그대로 드러난다. 표기법 규정과 관행 사이에서 매우 어정쩡한 경우가 자주 발생하는 것이다.

그런데 'Bob'을 현행 표기법 규정에 따라 표기하자면 '밥'이 아니라 '보브'로 적어야 한다. 이는 현행 영어에 관한 표기 세칙 제2항에 유성 파열음, 즉 '[b]/[d]/[g]'는 자음 앞이나 단어 끝에서는 '으'를 붙여 적도록 되어 있기 때문이다. 즉 'Bob'에서 유성 파열음으로 소리 나는 'b'가 단어 끝에 자리하므로 여기에 '—'를 붙여 '보브'로 표기하여야 한다.

'Bob'의 표기와 관련하여 국립국어원은 매우 모호한 태도를 취하였다. 1996년 3월 22일 정부언론외래어심의공동위원회 제10차 회의에서는 'Bob Dole'은 '밥 돌', 'Bob Hope'는 '보브 호프'로 표기하도록 결정하였다. 두 사람 모두 미국인이며 차이가 있다면 'Dole'은 당시에

활동하던 정치가이고, 'Hope'는 그보다 한 세대 전에 활동하던 희극인일 뿐이다 ('Hope'는 영국에서 태어났지만, 4세 때 가족 전체가 미국으로 이주하였으므로 미국인으로 보는 것이 타당하다). 그럼에도 정부언론외래어심의공동위원회 제10차 회의에서는 이 두 사람의 표기를 다음과 같이 정하였다.

Dole, Bob R.	돌, 밥	미국 공화당 대통령 후보
Hope, Bob	호프, 보브	미국 남자 배우

같은 회의에서 이처럼 서로 모순적인 결정을 내린 이유가 궁금하다. 아마도 '보브 호프'라는 표기가 과거부터 사용되고 있었기 때문일 수도 있을 것이다. 그런데 당시의 표기법 규정으로도 'Bob'은 '보브'로 표기되어야 했다. 그렇다면 'Bob Dole'의 경우에 'Bob'을 '밥'으로 적기로 한 데 대한 설명이 있어야 하나, 그런 설명은 보이지 않는다. 아마도 당시에 이미 일반인들이 쉽게 접할 수 있었던 영어 방송에서 '밥'이라는 발음이 사용되었기 때문일 텐데, 그렇다면 차라리 표기법 규정을 손보는 것이 낫지 않았을까 하는 생각이 든다. (무슨 이유인지 이보다 8개월 전인 1995년 7월 14일의 제8차 회의에서도 'Bob Dole'의 표기를 '밥 돌'로 정하였다. 참고로 당시 신문 표기에는 '밥 돌'과 '보브 돌'이 혼용되었다.)

그렇다면 현재 'Bob Hope'는 어떻게 표기해야 할까? 현재 국립국어원 누리집의 외래어 표기법 용례 찾기에서 'Bob'을 검색하면 다음에서 보는 바와 같이 'Bob Hope'도 함께 나온다.

Hope, Bob	호프, *밥	미국

'밥 호프'로 적어야 한다는 뜻이다. '밥' 앞에 별표 표시가 되어 있는 것은 이것이 관용을 따른 것임을 표시하는 것이다. 그런데 1996년 3월 제10차 회의에서 '보브 호프'로 적기로 한 것을 언제 '밥 호프'로 바꾼 것일까?

국립국어연구원이 1998년에 펴낸 『외래어표기용례집』에 따르면 제8차 및 제10차 회의의 'Bob Dole' 항목 아래에 다음과 같은 설명이 덧붙여져 있다.

> ※ '보브'를 '밥'으로 변경함(제25
> 차 회의)

그렇다면 제8차 회의와 제10차 회의에서는 '보브 돌'이라고 했던 것을 1998년 12월 15일에 있었던 제25차 회의에서 'Bob'을 '밥'으로 고쳤다는 뜻일까?

이 점은 확실치 않다. 만일 제8차 및 10차 회의에서 'Bob Dole'을 '보브 돌'이라고 했다가 이를 25차 회의 이후에 '밥 돌'로 고친 것이라면 차라리 표기 자체를 '보브 돌'이라고 한 후 25차 회의에서 '보브'를 '밥'으로 고쳤다고 표시하는 것이 좋았을 것이다. 문제는 같은 10차 회의에서 함께 다루어진 'Bob Dole'과 'Bob Hope' 중 'Bob Dole'에만 25차 회의 관련 사항이 덧붙여져 있고, 'Bob Hope' 항목에는 그와 같은 사항이 첨가되어 있지 않다는 것이다. 또한 2002년 12월 30일자로 발행된 국립국어원 『외래어표기용례집-인명』에도 'Bob Dole'은 '밥 돌', 'Bob Hope'는 '보브 호프'로 적혀 있다. 따라서 최소한 이 시기까지는 공식 표기법이 'Bob Dole'은 '밥 돌', 'Bob Hope'는 '보브 호프'였음이 확실하다고 할 수 있다. 이것이 어느 사이에 슬그머니 '밥 호프'로 고쳐진 것인데, 정부 기관이 어떻게 이 정도로 일관성 없는 표기법을 정할 수 있었는지 착잡하기만 하다.

참고로 현행 표기법에서 'bobcat'은 '보브캣'으로 적는다. 'Bob'을 '밥'으로 적는 것과 차이가 나는 표기이다. 그럼에도 사람 이름 'Dobson'은 '도브슨'이 아니라 '돕슨'으로 적는다. 또 'Jacob'도 '제이커브'가 아니라 '제이컵'으로 적는다. 'lobster'는 원칙상 '로브스터'로 적어야 하나 '랍스터'와 '로브스터'를 모두 인정하고 있다. 일관성에 문제가 있는 표기라고 할 수 있다. 'web'의 경우도 현행 외래어 표기법 규정에 따르면 '웨브'로 적어야 하나 '웹'으로 적는다. 이에 비해 'sub'는 규정에 따라 '서브'로 적는다. 이 역시 일관성에 문제가 있음을 보여주는 것이라고 할 수 있다.

⑥ 사스SARS와 메르스MERS

'사스'SARS는 'Severe Acute Respiratory Syndrome'을 의미하며, '머스'MERS는 'Middle East Respiratory Syndrome'을 의미한다. 둘 다 각 단어의 첫 글자를 모아 만든 표현으로서 'Respiratory Syndrome'(호흡기증후군)이라는 표현을 공통적으로 지니고 있다.

그런데 'SARS'를 '사스'라고 한다면 'MERS'는 '머스'라고 해야 한다. 그리고 'MERS'를 '메르스'라고 하려면, 'SARS'는 '사르스'라고 해야 한다.

그럼에도 불구하고 네 단어 중 두 단어가 동일한, 따라서 4글자 중 뒤의 2글자가 동일한, 뿐만 아니라 첫 글자는 자음이고 두 번째 글자는 모음으로 동일한 이 두 표현을 'SARS'에서는 'R'을 그 앞의 모음의 일부로 간주해 '사스'라고 표기하고, 'MERS'에서는 'R'의 독립성을 인정해 '메르스'라고 표기하고 있다. 이 역시 우리 외래어 표기법에 일관성이 결여되어 있음을 극명하게 보여주는 것이라고 할 수 있다.

그런데 '사스'는 2003년에 국내에 알려졌고, '메르스'는 그보다 10여 년 뒤인 2015년에 국내에서 크게 문제를 일으켰다. 둘 다 외래어 표기법이 제정된 이후에 발생한 질병이므로 동일한 원칙에 따라 표기하는 것이 당연하다. 어느 하나를 이미 굳어진 관용 때문이라고 볼 여지가 전혀 없다.

그럼에도 불구하고 만일 관용이라는 핑계를 대려면 그래도 10년 정도라도 먼저 국내에 소개된 '사스'를 관용으로 삼는 것이 그나마 나을 것이다. 그런데 '사스'는 현행 외래어 표기법에 따른 표기이다. 현행 외래어 표기법에서는 'card', 'cord', 'Bert', 'spurt' 등을 '카드', '코드', '버트', '스퍼트'로 표기하고 있다. 다시 말해 모음 다음에 'r'이 나올 경우 (영어에서는 이를 'postvocalic /r/'이라고 부름) 이를 표기하지 않는 것이다. 이는 기본적으로 영국 영어 발음에 따른 것으로 볼 수 있다.

'코르크'cork, '호르몬'hormone처럼 모음 다음의 'r'을 '르'로 표기하는 경우가 간혹 있기는 하지만 이야말로 관용으로 인정하는 예외적인 경우로 국한된다. 아마도 이들이 일본어를 경유하여 한국어에 유입되었기 때문으로 보인다 (일본어에서는 이들을 각각 'コルク'(고루쿠), 'ホルモン'(호루몬)으로 표기한다).

'SARS'와 'MERS'를 일본어에서는 'サーズ'(사-즈), 'マーズ'(마-즈)로 표기한다. 둘 다 'r'을 표기하지 않는다는 점에서는 일관성이 있는 것이다. 이에 비해 우리나라에서는 최근에, 그것도 불과 10년 정도의 시차를 두고 유입된 두 질병의 이름을 일관성 없게 표기하고 있다. 이를 단순히 관용에 따른 차이라고 말한다면 도대체 국립국어원이 존재하는 이유가 무엇인지에 대한 의문을 제기할 수밖에 없다. 그런 입장이라면 도대체 '새너제이', '그랜드캐니언', '라스베이거스'처럼 현재까지도 상당수 국민

들이 어색하게 여기는 표기는 왜 만들었는지 질문하지 않을 수 없다.

⑦ **데이터**data**와 소파**sofa

　　앞에서 언급한 바 있는 "단어 끝의 'a'는 '[ə]'로 발음되어도 '아'로 적는다"라는 현행 외래어 표기법 규정은 인명, 지명 등에만 적용되고 일반 명사에는 적용되지 않는다. 이에 따라 'data'[déitə]와 같은 일반 명사는 '데이타'로 적지 않고 '데이터'로 적는다. '[ə]'로 발음되는 단어 끝의 'a'를 '어'로 적는 일반 명사의 예에는 다음과 같은 것들이 있다.

quota	쿼터
scuba	스쿠버
area	에어리어
idea	아이디어
media	미디어
nostalgia	노스탤지어
freesia	프리지어 (식물)
salvia	샐비어 (식물)

　　그러나 '소파'sofa, '어젠다'agenda, '딜레마'dilemma, '드라마'drama, '스태미나'stamina, '판다'panda 등에서 보듯이 여전히 상당수 단어에서 '[ə]'로 발음되는 단어 끝의 'a'를 '아'로 표기한다. 이 역시 이들을 관용으로 인정하기 때문에 벌어지는 현상이며, 우리나라 외래어 표기법의 난맥상을 보여주는 것이라 할 수 있다.

　　그런데 이런 표기 원칙은 예기치 않은 문제를 야기할 수 있다. 예를 들어 'salvia'나 'freesia'가 만일 사람 이름이거나 지명으로 사용될 때는 '샐비어'가 아니라 '샐비아', '프리지어'가 아니라 '프리지아'라고 적어야 한다. 즉 현행 외래어 표기법 아래에서는 만일 'Salvia'라는 이름의 사람이 'salvia' 꽃을 좋아한다면 한글로는 '샐비아'가 '샐비어' 꽃을 좋아한다고 표기해야 한다. 다시 말해 같은 'salvia'를 사람 이름인지 꽃 이름인지에 따라 달리 적어야 한다는 것이다.

이는 "단어 끝의 'a'는 [ə]로 발음되어도 '아'로 적는다"라는 규정이 사람 등의 이름에만 적용되고 일반 명사에는 적용되지 않기 때문에 벌어지는 것인데, 이처럼 고유명사인지 여부에 따라 적용을 달리 하는 규정을 그대로 유지할 것인지에 대해서는 좀 더 진지한 고민이 필요하리라고 생각한다.

⑧ 스캔들scandal과 메달medal, 그리고 토털total

영어에서 'scandal'의 '-dal'은 'medal'의 '-dal'과 발음이 동일하다. 그런데도 이들을 한글로 표기할 때 'scandal'은 스캔들, 'medal'은 '메달'로 표기한다.

'total'의 '-al'도 'scandal'의 '-al'이나 'medal'의 '-al'과 발음이 동일하다. 그럼에도 불구하고 국립국어원에서 정한 'total'의 현행 한글 표기는 '토틀'이나 '토탈'이 아니고 '토털'이다. 그러나 실생활에서는 여전히 '토탈'이라는 표기가 사용되고 있으며, 1980년대와 90년대에는 '토틀'이라는 표기가 다음에서 보는 바와 같이 간간이 언론매체에서 사용된 적도 있었다.

1993년 10월 31일자 매일경제 기사 제목. '토틀'이라는 표기가 보인다.

영어에서 단어 끝의 '-al'은 '[əl]'로 발음된다. 이에 따라 현행 외래어 표기법에서는 영어의 어미 '-al'을 대체로 '얼'로 적고 있다. ('[ə]'를 생략할 수도 있는데, 이는 어느 단어에나 모두 적용된다.) 하지만 '-al'은 전통적으로는 '알'로 적혀 왔다. 따라서 '-al'은 '얼'로 적는 것을 표준으로 하되, 일부 관용으로 굳어진 경우는 예외적으로 '알' 표기를 허용할 수 있을 것이다. '메달'medal, '페달'pedal 등이 그에 속한다고 할 수 있다.

'scandal'은 1970년대 초까지는 주로 '스캔달'로 표기되었다. 그러다가 1970년대 중후반부터 '스캔들'이라는 표기가 대세를 차지한 것으로 보인다. '토틀'이라는 표기는 '스캔들'을 흉내 내어 한 동안 사용되다가 '토털'이라는 표기로 정착되게 된 것으로 보인다.

그러나 이런 난맥상 때문에 우리나라 외래어 표기법이 더욱 혼란스러워 보인다. 'scandal'이나 'total'은 그 표기법을 따지기 전에 오히려 '추문', '총'이라는 우리말로 대체해 사용하는 것이 낫다고 생각한다. 그렇게 하면 영어의 어미 '-al'은 '얼'로 적는 것을 원칙으로 하고, '메달'medal, '페달'pedal처럼 이미 관용으로 굳어진 것만 예외적으로 '알'로 표기할 수 있게 되어 나름대로 예외를 줄일 수 있게 된다.

⑨ 클로즈업close-up과 베이식basic

영어에서는 'close-up'의 's'나 'basic'의 's'는 모두 '[s]'로 발음된다. 그러나 한글로는 '클로즈업', '베이직'처럼, 다시 말해 's'가 'ㅅ'이 아니라 'ㅈ'으로 표기되기도 한다. 그런데 2019년 2월 현재 국립국어원 누리집에서는 'close-up'은 '클로즈업', 'basic'은 '베이식'으로 표기하고 있다. 동일한 문제를 보이는 두 단어를 동일하게 처리하지 않는 셈이다. 다음은 국립국어원의 해당 항목에 대한 화면이다.

변호	원어 표기	한글 표기	국명
1	close-up	클로즈업	

국립국어원 누리집에서 'close-up'의 한글 표기를 검색한 창. '클로즈업'이라고 적혀 있다. 실제 영어 발음에 가깝도록 '클로스업'으로 고치지 않고 있다.

변호	원어 표기	한글 표기	국명
4	visual basic	비주얼베이식	영어
3	Basic English	베이식잉글리시	
2	basic	베이식	
1	BASIC	베이식	

국립국어원 누리집에서 'basic'의 한글 표기를 검색한 창. 일반적으로는 '베이직'이라고 표기하나, '베이식'이 옳은 표기임을 보여주고 있다.

동일한 문제를 보이는 두 단어의 한글 표기를 일관성 없이 처리하는 바람에 현행 외래어 표기법 속의 영어 표기의 난맥상을 더욱 심화시키고 있다.

⑩ 록펠러와 루즈벨트

'라스베가스'와 '라스베이거스'처럼 그 차이가 별로 크지 않은 경우까지 원음에 가깝게 표기하겠다며 표기법을 고쳐대는 정부가 어떤 경우에는 명백히 잘못된 발음을 관행이라는 이유로 유지하기도 한다. '록펠러'나 '루즈벨트'의 경우가 그런데, 이들의 영어 발음은 다음과 같다.

Rockefeller   [rákəfèlər]

Roosevelt   [róuzəvèlt]

즉 '록펠러'보다는 '라커펠러', 또 '루즈벨트'보다는 '로우저벨트'(이를 현행 외래어 표기법에 따라 적으면 '로저벨트'가 됨)라고 적는 것이 원음에 더 가까운 표기이다. 그럼에도 불구하고, 이 표기를 바꾸려는 시도는 전혀 없었다.

'Alexander'의 경우도 마찬가지이다. 'Alexander'의 미국식 발음은 '[æligzǽndər]'이다. 이를 한글로 표기하면 '앨리그잰더'가 된다. '알렉산더' 대왕을 가리키는 경우는 논외로 하고, 오늘날의 미국인 이름 'Alexander'는 '앨리그잰더'로 적는 것이 더 원음에 가깝지만 여전히 '알렉산더'로 적고 있다. 그러면서 러시아 사람의 경우는 러시아어 발음을 따라 '알렉산드르'라고 적고 있다. 다음은 이를 보여주는 국립국어원 누리집 화면이다.

Haig, Alexander	헤이그, 알렉산더	미국
Panzhinskiy, Alexander (Eduardovich) 러…	판진스키, 알렉산드르 (예두아르도비치)	러시아

1987년부터 2006년까지 네 번에 걸쳐 미국 연방준비제도이사회 의장을 맡아 미국의 경제 대통령이라는 말까지 듣기도 한 'Greenspan'은 '그린스펀'으로 국내 언론에 표기되었으나, 실제 발음은 '그린스팬'에 가까웠다. 이와 같이 영어 이름이 한 번 한글로 표기되기 시작하면 그 표기에 잘못이 있더라도 웬만해서는 고치지 않는 것이 일반적이라고 할 수 있다. ('그린스펀'이라는 표기가 공식 결정된 것은 1997년 5월 30일의 정부언론외래어심의공동위원회 제16차 회의에서이다. 그 후 10년 가까이

그가 같은 직책으로 근무했고, 해외 뉴스에서는 분명히 '그린스팬'이라고 발음했음에도 '그린스펀'이라는 표기는 현재까지 유지되고 있다.)

그렇다고 해서 영어 인명의 한글 표기를 절대로 바꾸지 않는 것은 아니다. 'Abraham Lincoln'은 과거 '아브라함 링컨'이라고 표기되기도 하였으나, 지금은 '에이브러햄 링컨'으로 표기된다.

또 미국의 'Reagan' 대통령이 처음 한국 언론에 등장하는 1970년 대에는 '리이건'으로 표기되었다. 이것이 후에 '레이건'으로 고쳐진 것이다. 다음은 1976년 8월 12일자와 1980년 11월 5일자 동아일보 기사 중 일부이다. 같은 'Reagan'이 1976년 신문에는 '리이건'으로 표기되어 있고 1980년 신문에서는 '레이건'으로 표기되어 있다.

1976년 8월 12일자 동아일보 기사. 'Reagan'이 '리이건'으로 표기되어 있다. '리이건'에서 '이'는 장음을 나타내기 위한 것이다. 이는 'Ford'가 '포오드'로 표기된 것에서도 알 수 있다. 오늘날의 표기법에 따르면 'Ford'는 '포드'로 표기된다.

1980년 11월 5일자 동아일보 기사. 'Reagan'이 이전의 표기 '리이건'에서 '레이건'으로 바뀌어 있다.

이처럼 인명의 경우에도 어떤 때는 이미 관행이 되었다며 부정확한 표기를 그대로 답습하고, 어떤 때는 정확한 발음에 가깝도록 수정하기도 한다. 이 역시 일관성이 결여된 태도라고 할 수 있다.

⑪ 조지프 Joseph

현행 외래어 표기법에 따르면 'Joseph'는 '조지프'로 표기된다. 'Joseph'라는 이름은 성경에서는 '요셉'으로 표기되고, 영어 이름일 경우 과거에는 일반적으로 '조셉'으로 표기되기도 했다.

'Joseph'의 미국식 발음은 '[dʒóusəf/dʒóuzəf]'이다. 한국에서 나온 사전 중에 'Joseph'의 영국식 발음으로 '[dʒóuzif]'를 소개한 것이 있는데, 국립국어원이 정한 '조지프'라는 표기는 이를 따른 것으로 보인다. (그런데 이는 엄밀히 말하면 표준 영국 발음과는 거리가 있는 것이다. 미국 영어의 '[ou]'는 표준 영국 영어에서는 '[əu]'로 발음되는 경향이 있다.)

'Bob'을 영국 영어식이 아니라 미국 영어식으로 '밥'으로 표기하고 있음을 감안하면, 'Joseph'의 경우 굳이 일반인들이 생소하게 생각하는 '조지프'라는 영국식 표기를 굳이 고집할 필요가 있는지 의문이다. 개인적으로는 미국 영어에서 '[dʒóusəf]'라는 발음이 일반적으로 통용되고 있다고 본다. 이를 현행 외래어 표기법에 따라 적으면 '조서프'가 되나, 'Tennessee'[tènəsíː]를 '테너시'가 아니라 '테네시'로 적는 것에서 보듯이 '[ə]'로 발음되는 'e'를 '에'로 적기도 하므로 '조세프'(혹은 '조셉') 라고 적는 것이 무난하리라고 생각한다.

'판넬'과 '패널'

건자재 등의 광고를 할 때 '판넬'이라는 용어가 사용되기도 한다. 이는 '벽 등에 붙이는 판'을 의미하는 영어 단어 'panel'을 한글로 표기한 것이다. 그런데 방송 등에 출연해 토론에 참여하는 사람을 '패널'이라고 부르기도 한다. 이 '패널' 역시 영어로는 'panel'이다 (엄밀하게 말하면 'panelist'). 동일한 철자와 동일한 발음을 가진 'panel'이라는 단어가 경우에 따라 '판넬'과 '패널'로 다르게 표기되고 있는 것이다. 어떤 경우에는 방송에 나온 어느 '패널'이 자신이 준비해온 '판넬'(그림판)을 보여주며 이야기하기도 한다. 이런 현상은 이 단어의 두 의미가 시차를 두고 한국어에 유입되었기 때문에 일어나는 것이다. 건자재나 그림판을 의미하는 'panel'이 먼저 유입되었다고 볼 수 있는데, 이때는 영어 철자 'a/i/u/e/o'를 대개 우리말의 '아/이/우/에/오'로 읽던 시절이다. 따라서 'panel'을 '판넬'이라고 읽었다 (일본어의 영향으로 일부에서는 '판네루'라고 읽기도 한다). 그러다가 원래의 영어 발음을 더욱 중시하는 최근에 와서 'panel'의 '토론자' 의미가 한국어에 유입되게 되었는데, 이때 원음에 가까운 '패널'이라는 표기가 도입된 것이다. 같은 영어 단어이지만, 한국어에서는 의미에 따라 '판넬'과 '패널'로 구분해 사용하는 셈이라고 할 수 있다.

'컷'과 '커트'

'cut'을 현행 외래어 표기법에 따라 적으면 '컷'이 된다. 이는 영어 표기 세칙 제1항의 첫 번째 규정인 "짧은 모음 다음의 어말 무성 파열음([p]/[t]/[k])은 받침으로 적는다"는 규정에 따른 것이다. 그런데 현행 외래어 표기법에서는 '컷'과 함께 '커트'도 인정한다. 그렇지만 이 둘 사이에는 의미의 차이가 있다. '커트'는 미용실에서 머리를 자를 때나 전체에서 일부를 잘라낼 때, 또는 중간에서 어떤 일을 차단할 때 등에 사용하지만, '컷'은 촬영 장면 등을 의미한다. 이처럼 동일한 영어 어휘가 뜻에 따라 달리 표기되기도 한다.

'숏'과 '슈트'

'shoot'[ʃuːt]처럼 장모음 다음에 무성 파열음([p]/[t]/[k])이 나오는 경우에는 현행 외래어 표기법에 따라 '슈트'로 적어야 한다. 그러나 축구나 농구 등의 경기에서 점수를 따기 위해 공을 차거나 던지는 것은 한글로 '숏'으로 표기한다. '헤딩숏', '덩크숏'의 경우도 마찬가지이다. 현행 외래어 표기법과는 괴리가 있는 표기이다. 그러면서 '슈트'도 함께 인정하고 있는데 (cf. 1996년 7월 19일 정부언론외래어심의공동위원회 제12차 회의), 야구에서, 투수가 던진 볼이 타자 앞에 와서 떠오르거나 휘거나 떨어지는 변화구라는 식으로 풀이하고 있다. 그에 따라 'inshoot'은 '인슈트', 'outshoot'은 '아웃슈트'로 표기한다. 그러나 이것이 얼마나 일반적으로 받아들여지고 있는지는 의문이다.

6. 현행 외래어 표기 원칙의 문제점

앞에서 소개한 현행 외래어 표기 원칙을 다시 보기로 하자.

제1항: 외래어는 국어의 현용 24 자모만으로 적는다.
제2항: 외래어의 1 음운은 원칙적으로 1 기호로 적는다.
제3항: 받침에는 'ㄱ, ㄴ, ㄹ, ㅁ, ㅂ, ㅅ, ㅇ'만을 쓴다.
제4항: 파열음 표기에는 된소리를 쓰지 않는 것을 원칙으로 한다.
제5항: 이미 굳어진 외래어는 관용을 존중하되, 그 범위와 용례
　　　는 따로 정한다.

앞에서 영어 표기와 관련한 일관성 문제를 지적하였는데, 이는 대개 위의 2항 그리고 5항과 관련되어 있다.

앞에서도 보였듯이 'Las Vegas', 'Niagara', 'Alaska', 'Tennessee'에서 밑줄 친 철자는 모두 '[ə]'로 발음되지만, '어', '아', '에'로 다르게 적는다. 이는 "외래어의 1 음운은 원칙적으로 1 기호로 적는다"는 제2항의 규정에 어긋나는 것이다. 물론 '원칙적으로'라는 단서 조항이 있으므로 예외 규정을 둘 수 있겠으나, 위에서 보인 것들이 어떤 예외 규정에 속하는지에 대해서는 영어 세칙에서도 아무 설명이 없다.

역시 앞에서 보였듯이 '록펠러'나 '루즈벨트' 등의 표기가 원래 영어 발음과 상당히 차이가 있음에도 그 표기를 그대로 유지하는 것은 "굳어진 외래어는 관용을 존중"한다는 제5항의 규정 때문이다. 그러나 어느 정도까지 '관용'을 존중할지에 대해서는 충분한 설명이 없다.

예를 들어 1996년 당시에 '라스베가스'와 '나이아가라' 간에 어떤 차이가 있었기에 '라스베가스'는 당시 아직 굳어지지 않아 '라스베이거

스'로 고치고, '나이아가라'는 이미 굳어져 그대로 두어야 했는지 의문이다. 또 과거 '조셉'으로 표기되던 'Joseph'은 굳이 '조지프'로 고치면서, 'Alexander'는 여전히 실제 영어 발음과 거리가 먼 '알렉산더'라는 표기를 고수해야 하는지도 의문이다.

또 'basic'과 'close-up'의 표기와 관련해서도 'basic'의 표기는 '베이직'이라고 하던 것을 '베이식'으로 고쳤음에도, 'close-up'은 '클로스업'으로 고치지 않고 관용으로 인정해 '클로즈업'이라는 잘못된 표기를 그대로 인정해야 하는지도 의문이다. 이러한 예들은 관용의 범위를 인정하는 데에 상당한 자의성이 개입되어 왔음을 보여준다.

제1항은 외래어 표기를 현행 한글 표기의 틀 속에 넣기 위한 규정이다. 이 규정에 따라 한국어에서 사용되지 않는 영어 소리, 예를 들어 '[f]/[v]/[z]/[θ]/[ð]' 등의 소리를 표기하기 위해 별도의 글자를 만들지 않고, 각각에 가장 가까운 한글 글자를 사용하게 된다. 이는 결국 외래어 표기는 해당 외국어 어휘의 정확한 발음을 표기하기 위한 것이 아님을 의미한다. 한국어 음운 체계 속에서 가장 자연스러운 표기를 선택하면 되는 것이다.

제4항의 '파열음'이란 기본적으로 '[p]/[b]/[t]/[d]/[k]/[g]' 소리들을 지칭하는데('폐쇄음'이라고도 함), 여기에 '[ʧ]/[dʒ]'도 포함시켜 생각할 수 있다. 이들을 표기할 때 된소리를 쓰지 않는다는 것은 'p/t/k'의 소리를 'ㅃ/ㄸ/ㄲ'으로 표기하지 않음을 의미한다. 프랑스어에서는 'Paris'의 'p'가 된소리로, 즉 'ㅃ'에 가깝게 발음되지만 이를 '빠리'라고 표기하지 않고 '파리'라고 표기하는 것은 바로 이 규정 때문이다. 이 때문에 'p/t/k'가 'ㅃ/ㄸ/ㄲ'에 가깝게 발음되는 프랑스어, 이탈리어어, 스페인어 등을 표기할 때도 이들을 'ㅍ/ㅌ/ㅋ'으로 표기하는 것이다.

이 규정에 대해서는 논란이 있을 수 있다. 우선 된소리 자체가 한국어에서 사용된다. '뿔/뽕/뻘/빨다/뻔다/빻다/뻘뻘/빨리/빵빵', '땅/땀/딸/떡/뛰다/떨다/뚱뚱하다/딱딱하다/똑똑/딱히', '꿀/꿈/꽃/끈/꿩/꼬리/끌다/깔다/꼭/꾹꾹/꽝' 등처럼 한국어에서 사용되는 된소리를 외래어 표기에 사용하지 않을 이유가 없다. 이는 한국어에서 사용되지 않는 외국어 소리의 문제와는 다른 차원의 것이다. 'Las Vegas'의 경우처럼 '아'인지 '어'인지까지 구분해 표기하겠다고 하면서, 된소리로 소리 나는 것을 된소리로 표기하지 말아야 한다는 규정을 굳이 유지해야 하는지 다시 한 번 생각해 보아야 할 문제이다. 그러나 영어에서는 'p/t/k'가 된소리로 소리 나는 것은 예외적인 상황에서이다. 따라서 영어의 'p/t/k' 표기와 관련해서는 이 규정이 특별히 영향을 미치지는 않는다.

'b/d/g'의 경우에는 이 규정이 전혀 무관하다고는 할 수 없다. 즉 과거 'ball', 'dam', 'gang' 등을 표기할 때 일각에서는 '뽈', '땜', '깽'처럼 된소리로 표기하였다. 이들을 된소리로 표기하지 말고 예사소리인 '볼', '댐', '갱'으로 표기하는 것은 바로 이 제4항의 규정 때문이다.

그런데 [s] 소리는 파열음에 속하지 않는다 (음성학적으로 [s] 소리는 마찰음에 속함). 그런데 한국어에서는 다른 외국어와 달리 [s] 계열의 소리에서도 예사소리와 된소리의 구분이 있다. 즉 'ㅅ'과 'ㅆ'의 구분이 그것이다. 영어를 비롯해 대부분의 유럽어에서 's'는 모음 앞에서는 한국어의 'ㅆ'처럼 발음된다. 예를 들어 'Sam'은 한국어의 '쌤'에 가깝게 발음되며 '샘'처럼 발음되지 않는다. 그럼에도 불구하고 현행 외래어 표기법에 따르면 'Sam'은 샘으로 표기해야 한다.

이는 엄밀히 말하면 외래어 표기 원칙 제4항에 따른 것이 아니다. 단순히 파열음에 대한 규정을 (그 자체도 타당성에 대한 논란이 있지만), 파열음이 아닌 [s]까지 확장해 적용한 결과로 볼 수도 있다.

굳이 원칙을 따진다면, 제2항, 즉 "외래어의 1 음운은 원칙적으로 1 기호로 적는다"는 규정을 적용한 결과로 해석할 수는 있다. 영어의 '[s]' 소리는 엄밀하게 말하면 자음 앞과 모음 앞에서, 예를 들어 'small'의 's'와 'Sam'의 's'는 그 소리값에 차이가 있다. 'small'처럼 's'가 자음 앞에 나올 때는 우리말의 'ㅅ'에 가깝게 소리 나, 'Sam'처럼 모음 앞에 나올 때는 우리말의 'ㅆ'에 가깝게 소리 난다. 그러나 이 둘이 영어에서는 구분되지 않고 하나의 음운인 '[s]'로 인식되므로 하나의 기호, 즉 'ㅅ'으로 적는다는 원칙을 적용한 결과로 볼 수 있다.

그러나 이 규정은 앞에서 보았다시피, 영어의 '[ə]'의 경우에는 '어', '아', '에' 등으로 다양하게 적고 있으므로, 이미 그 원칙이 무너진 셈이라고 할 수 있다. 이미 지켜지지 않고 있는 원칙 때문에 더 정확한 표기를 가능하게 해주는 'ㅅ', 'ㅆ'의 구분을 굳이 버릴 필요가 있는지 다시 한 번 생각해 보아야 할 문제이다. 특히 한국어에서 '쌀/쑥/쏘다/썩다/쌓다/썰다/쑥쑥/쌩쌩' 등처럼 'ㅆ'이 사용되고 있음을 감안하면 더욱 그렇다.

외래어 표기에 있어 제4항에 따른 'ㄲ/ㄸ/ㅃ'의 회피와 또 그것의 연장으로 해석할 수 있는 'ㅆ'과 'ㅉ'의 회피는 마치 한국어에서 된소리가 기피 대상이라도 되는 것과 같은 낙인 효과를 가져와 한동안 '짜장면'이 표준어로 인정되지 못하고 '자장면'이라고 해야 하는 시기를 겪게 만들었다. 일상생활에서는 누구나 '짜장면'이라고 하는 것을 신문이나 방송에서는 '자장면'이라고 해야 했으니, 그 어색함과 괴리감이 상당했었다. '짜장면'이 아니라 '자장면'이라고 해야 하던 당시에도 '짬뽕'은 그대로 인정했으니, 그 둘을 구분하는 근거가 무엇이었는지 참으로 궁금하기 짝이 없다 ('ㅉ'은 한국어에서 '짝/짱구/쭉정이/쫓다/쫄다/짧다/찌질하다/쩍쩍/쩍' 등에서처럼 사용되고 있다).

된소리를 피하고자 하는 경향은 오히려 'b/d/g'로 시작하는 영어 어휘를 한글의 'ㅃ/ㄸ/ㄲ'로 표기하던 때의 반동으로 보인다. 앞에서도 잠시 언급했지만, 우리 사회에서는 한동안 'ball', 'dam', 'gang' 등을 표기할 때 '뽈', '땜', '깽'처럼 된소리로 표기하기도 하였는데, 'jam'처럼 'j'[ʤ]의 경우도 된소리 'ㅉ'을 사용해 '쨈'으로 표기하기도 하였다. 이런 예를 추가로 들면 다음과 같다.

> back 빽, badge 빳지, band 뺀드, boy 뽀이, bonus 뽀나스, bus 뻐스
> dance 땐스, dollar 딸라, double 떠블/따블, down 따운, dumping 떰핑
> gasoline 까솔린, gauze 꺼어즈, goal 꼴, gossip 까십, gown 까운, gum 껌
> jackknife 째크나이프, jazz 째즈, jeep 찌프, joint 쪼인트, jump 쩜프

영어의 경우에는 이들을 된소리로 표기할 이유가 없다. 영어의 경우에도 'spin', 'steam', 'skin'처럼 'p/t/k'가 's' 다음에 나올 때는 상대적으로 된소리에 가깝게 발음된다. 그러나 그런 경우까지 가려 표기할 것은 없으므로 영어의 경우에는 제4항의 규정을 유지해도 무방하다. 그러나 그렇다고 해서 된소리를 사용하는 스페인어, 이탈리아어 등의 경우까지 이 규정을 적용시킬 필요는 없을 것이다. 더욱이 제4항과 아무 관계도 없는 '[s]'의 경우까지 이 규정을 확대 적용할 필요는 없을 것이다. 따라서 제4항은 영어 세칙으로 옮기고 일반 원칙에서는 삭제하는 것이 바람직하다. 외래어 표기가 한글 표기의 큰 틀 안에서 이루어지는 것이라고 본다면, 한국어에서 자연스럽게 사용되고 있는 'ㄲ/ㄸ/

ㅃ/ㅆ/ㅉ의 된소리를 외래어 표기에서 무조건적으로 배제할 이유가 없기 때문이다.

현행 외래어 표기법에 따라 'Sam'은 '샘', 'sign'은 '사인'이라고 적지만, 실제 발음은 '쌤', '싸인'이라고 한다. 한글로 적은 '샘'을 그것이 한국어 어휘인지 여부에 따라 발음을 달리 하는 것이다 (즉 한글 어휘인 '샘'은 '쌤'이 아니라 '샘'으로 발음하지만, 영어 이름 'Sam'을 적은 '샘'은 대부분 '쌤'으로 읽는다). 외래어 표기법에 'ㅆ'을 피하라는 규정이 없음에도 불구하고 관행적으로 'ㅆ' 사용을 피해온 바람에 최소한 'ㅅ'의 경우 표기와 발음 간에 상당한 불일치가 나타나게 되었다고 할 수 있다. (다시 말해, 원래 순수 한국어 어휘를 적은 'ㅅ'인지, 영어 등 유럽어 어휘를 적은 'ㅅ'인지에 따라 발음이 'ㅅ'과 'ㅆ'으로 구분되게 되었다.)

참고사항

기타 외국어 어휘의 경우

우리말의 'ㅍ'에 해당하는 프랑스어 철자 'p'는 대개의 경우, 특히 모음 앞에서는, 우리말의 'ㅃ'에 가깝게 소리 난다. 과거 'Paris'를 '빠리'로 적은 것은 이 때문이다. 't'나 'k'(프랑스어 철자로는 'c') 발음도 대부분의 경우 우리말의 'ㄸ'과 'ㄲ'에 가깝다. 'Toulouse'를 '뚤르즈', 'Cannes'를 '깐느'로 적은 것도 같은 이유였다.

그런데 현행 외래어 표기 원칙 제4항은 "파열음 표기에는 된소리를 쓰지 않는 것을 원칙으로 한다"고 규정하고 있다. 파열음이란 영어의 'p/t/k'와 'b/d/g' 등을 의미하는 것으로서 영어 외의 다른 언어에서도 이들을 된소리로 표기하지 않는다는 원칙인 셈이다.

이 때문에 'p/t/k'가 된소리로 발음되는 프랑스어나 스페인어, 이탈리아어 등을 표기할 때도 된소리로 표기하지 않고, 'ㅍ/ㅌ/ㅋ'로 표기한다. 따라서 '빠리' 대신에 '파리', '뚤르즈' 대신에 '툴르즈', '깐느' 대신에 '칸'으로 표기하게 된 것이다. ('칸'의 경우에는 프랑스어 발음보다는 영어 발음에 더 가까운 것으로 보인다.)

앞에서도 언급했듯이 된소리를 쓰지 않는다는 원칙은 파열음이 아닌 's'에도 적용된다 ('s'는 마찰음임). 's'는 모음 앞에서는 영어, 프랑스어를 막론하고 우리말 'ㅆ'에 가깝게 소리 난다. 그럼에도 불구하고 'Seine강'의 'Seine'를 현행 외래어 표기법에서는 '쎄느'가 아니라 '센'으로 적는다. (2017년 봄까지는 '한강', '낙동강' 등은 붙여 쓰지만 'Seine'처럼 외국어 이름이 '강' 앞에 올 때는 그 둘을 띄어 써야 한다는 원칙이 있어 '센 강'이라고 써야 했다. 같은 규정에 따르면 '영어', '중국어', '한국인'에서는 '어'나 '인'을 붙여 쓰지만, '프랑스 어', '러시아 어', '그리스 인' 등처럼 외국어 이름이 나올 때는 '어'나 '인'을 띄어 써야 했다. 지금은 이 조항이 없어져 어느 경우에나 붙여 쓸 수 있다.)

우리말에서 '꿀/꿈/꿩', '땅/딸/떡', '뿔/뽕/뻘' 등처럼 된소리가 사용되고 있음에도, 같은 된소리가 사용되는 프랑스어나 스페인어 등을 표기할 때 된소리를 사용하지 말아야 한다는 원칙에는 동의하기 어렵다.

된소리 여부가 불확실한 언어를 표기할 때라면 몰라도 최소한 된소리 여부를 확인할 수 있는 언어에서는 된소리를 사용하여 표기할 수 있도록 원칙을 바꾸는 것이 좋을 것이다. 또 'Seine'나 'Cannes'처럼 원래 언어에서 2음절로 발음되는 이름을 굳이 '센', '칸'처럼 1음절로 줄여 표기하는 것도 바람직하지 않다고 생각한다. 이들의 표기는 '쎄느', '깐느'로 되돌리는 것이 나을 것으로 판단된다.

7. 마무리하며

우리의 외래어 표기는 최대한 원음주의를 지향한다. 우리말에서 사용되지 않는 소리인 경우를 제외하고는 최대한 원음과 동일하게 표기하려고 애쓴다. 이러다 보니 과거 오래 전부터 관용적으로 표기되어 오던 것들과 원칙 면에서 부딪히는 경우가 종종 생긴다. 이는 어쩔 수 없는 일이기도 하다. 시간과 공간을 달리 해 우리말에 도입되는 외래어들을 엄격한 외래어 표기법 아래 모두 붙들어 매는 것은 불가능하기 때문이다.

우리가 할 수 있는 것은 큰 원칙을 유지하면서, 가급적 예외를 최소화하되 예외에도 나름대로 설명이 가능한 공통점을 갖도록 하는 것이다. 주로 이런 관점에서 앞의 논의를 이끌었다.

그런데 원음주의를 지나치게 추구할 것은 없다고 본다. 외래어 표기법은 기본적으로 한글 맞춤법의 일부이므로 모든 것이 한국어 및 한글의 특성 안에서 이루어져야 한다고 본다.

이와 관련해 영어에서는 외국어로 된 어휘나 고유명사를 어떻게 발음하는지 살펴보도록 하자. 'Paris'는 프랑스어로 프랑스의 수도를 표기한 것이다. 영어에서는 이 프랑스어 표기를 그대로 받아들이되 발음은 영어식으로, 즉 '빠리'가 아니라 '패리스'로 한다. 우리 같으면 아마도 'Paris'의 표기를 'Pari'로 바꾸려고 했을지 모른다. 독일의 작곡가 'Bach'도 그 독일어식 철자는 그대로 받아들이되 발음은 '바흐'가 아니라 [bɑːk] 즉 '박'처럼 한다. 역시 발음은 영어식으로 하는 것이다. 우리가 지나치게 원음을 중시하는 것과는 차이를 보인다.

또 영어에서는 원음과 다른 철자를 사용하기도 한다. 예를 들어 이탈리아의 '피렌체'Firenze를 'Florence'라고 부르며, '베네치아'Venezia는 'Venice'로 부른다. 또 독일의 'Köln'을 'Cologne'이라고 부르며, 덴마크의 'København'을 'Copenhagen'이라고 부른다. 엄밀하게 말하면 원음과 차이가 나는 발음이나 철자를 사용하는 것이다.

우리도 외래어나 외국의 고유명사를 표기할 때 원음주의를 표방은 하되 이에 너무 얽매이지 않는 유연함과 창의성을 보이는 것이 좋겠다.

국립국어원이 제정한 영어 표기 세칙

다음은 2019년 7월 현재 국립국어원 누리집에 탑재되어 있는 외래어 표기법 제3장 표기 세칙 중 맨 앞에 나와 있는 영어 표기와 관련된 규정이다. 기본적으로 각 영어 음운에 해당하는 한글 철자를 소개한 후 10개 항의 유의할 점을 나열하고 있다. 각 항마다 영어 어휘의 예와 발음을 소개하면서 영어에서는 매우 중요한 강세 표시를 누락하고 있으며, 6항 두 번째 항목에서는 특이하게 'swoln'처럼 현대 영어에서 사용되지 않는 철자를 예로 들고 있다. 참고로 본 장 첫머리에 언급했던 공무원 시험에 나온 'shrimp'의 표기는 3항의 두 번째 규정에 따라 '슈림프'가 된다. 그러나 본문에서 주장한 대로 바람직한 공무원이라면 이런 일관성 없는 표기법의 세세한 사항을 암기하려 하기보다는 국어기본법을 준수하여 불필요한 외래어의 사용을 줄일 수 있도록 해야 할 것이다.

제1항 무성 파열음([p], [t], [k])

1. 짧은 모음 다음의 어말 무성 파열음([p], [t], [k])은 받침으로 적는다.

gap   [gæp]   갭
cat   [kæt]   캣
book   [buk]   북

2. 짧은 모음과 유음·비음([l], [r], [m], [n]) 이외의 자음 사이에 오는
무성 파열음([p], [t], [k])은 받침으로 적는다.

apt	[æpt]	앱트
setback	[setbæk]	셋백
act	[ækt]	액트

3. 위 경우 이외의 어말과 자음 앞의 [p], [t], [k]는 '으'를 붙여 적는다.

stamp	[stæmp]	스탬프
cape	[keip]	케이프
nest	[nest]	네스트
part	[pɑːt]	파트
desk	[desk]	데스크
make	[meik]	메이크
apple	[æpl]	애플
mattress	[mætris]	매트리스
chipmunk	[ʧipmʌŋk]	치프멍크
sickness	[siknis]	시크니스

제2항 유성 파열음([b], [d], [g])

어말과 모든 자음 앞에 오는 유성 파열음은 '으'를 붙여 적는다.

| bulb | [bʌlb] | 벌브 |
| land | [lænd] | 랜드 |

zigzag	[zigzæg]	지그재그
lobster	[lɔbstə]	로브스터
kidnap	[kidnæp]	키드냅
signal	[signəl]	시그널

제3항 마찰음([s], [z], [f], [v], [θ], [ð], [ʃ], [ʒ])

1. 어말 또는 자음 앞의 [s], [z], [f], [v], [θ], [ð]는 '으'를 붙여 적는다.

mask	[mɑːsk]	마스크
jazz	[dʒæz]	재즈
graph	[græf]	그래프
olive	[ɔliv]	올리브
thrill	[θril]	스릴
bathe	[beið]	베이드

2. 어말의 [ʃ]는 '시'로 적고, 자음 앞의 [ʃ]는 '슈'로, 모음 앞의 [ʃ]는 뒤따르는 모음에 따라 '샤', '섀', '셔', '셰', '쇼', '슈', '시'로 적는다.

flash	[flæʃ]	플래시
shrub	[ʃrʌb]	슈러브
shark	[ʃɑːk]	샤크
shank	[ʃæŋk]	섕크
fashion	[fæʃən]	패션
sheriff	[ʃerif]	셰리프
shopping	[ʃɔpiŋ]	쇼핑

| shoe | [ʃuː] | 슈 |
| shim | [ʃim] | 심 |

3. 어말 또는 자음 앞의 [ʒ]는 '지'로 적고, 모음 앞의 [ʒ]는 'ㅈ'으로 적는다.

| mirage | [mirɑːʒ] | 미라지 |
| vision | [viʒən] | 비전 |

제4항 파찰음([ts], [dz], [ʧ], [ʤ])

1. 어말 또는 자음 앞의 [ts], [dz]는 '츠', '즈'로 적고, [ʧ], [ʤ]는 '치', '지'로 적는다.

Keats	[kiːts]	키츠
odds	[ɔdz]	오즈
switch	[swiʧ]	스위치
bridge	[briʤ]	브리지
Pittsburgh	[pitsbəːg]	피츠버그
hitchhike	[hiʧhaik]	히치하이크

2. 모음 앞의 [ʧ], [ʤ]는 'ㅊ', 'ㅈ'으로 적는다.

| chart | [ʧɑːt] | 차트 |
| virgin | [vəːʤin] | 버진 |

제5항 비음([m], [n], [ŋ])

1. 어말 또는 자음 앞의 비음은 모두 받침으로 적는다.

steam	[stiːm]	스팀
corn	[kɔːn]	콘
ring	[riŋ]	링
lamp	[læmp]	램프
hint	[hint]	힌트
ink	[iŋk]	잉크

2. 모음과 모음 사이의 [ŋ]은 앞 음절의 받침 'ㅇ'으로 적는다.

hanging	[hæŋiŋ]	행잉
longing	[lɔŋiŋ]	롱잉

제6항 유음([l])

1. 어말 또는 자음 앞의 [l]은 받침으로 적는다.

hotel	[houtel]	호텔
pulp	[pʌlp]	펄프

2. 어중의 [l]이 모음 앞에 오거나, 모음이 따르지 않는 비음([m], [n]) 앞에 올 때에는 'ㄹㄹ'로 적는다. 다만, 비음([m], [n]) 뒤의 [l]은 모음 앞에 오더라도 'ㄹ'로 적는다.

slide	[slaid]	슬라이드
film	[film]	필름
helm	[helm]	헬름
swoln	[swouln]	스월른
Hamlet	[hæmlit]	햄릿
Henley	[henli]	헨리

제7항 장모음

장모음의 장음은 따로 표기하지 않는다.

team	[tiːm]	팀
route	[ruːt]	루트

제8항 중모음([ai], [au], [ei], [ɔi], [ou], [auə])

중모음은 각 단모음의 음가를 살려서 적되, [ou]는 '오'로, [auə]는 '아워'로 적는다.

time	[taim]	타임
house	[haus]	하우스
skate	[skeit]	스케이트
oil	[ɔil]	오일
boat	[bout]	보트
tower	[tauə]	타워

1. [w]는 뒤따르는 모음에 따라 [wə], [wɔ], [wou]는 '워', [wɑ]는 '와',
   [wæ]는 '왜', [we]는 '웨', [wi]는 '위', [wu]는 '우'로 적는다.

word	[wəːd]	워드
want	[wɔnt]	원트
woe	[wou]	워
wander	[wɑndə]	완더
wag	[wæg]	왜그
west	[west]	웨스트
witch	[wiʧ]	위치
wool	[wul]	울

2. 자음 뒤에 [w]가 올 때에는 두 음절로 갈라 적되, [gw], [hw], [kw]
   는 한 음절로 붙여 적는다.

swing	[swiŋ]	스윙
twist	[twist]	트위스트
penguin	[peŋgwin]	펭귄
whistle	[hwisl]	휘슬
quarter	[kwɔːtə]	쿼터

3. 반모음 [j]는 뒤따르는 모음과 합쳐 '야', '얘', '여', '예', '요', '유',
   '이'로 적는다. 다만, [d], [l], [n] 다음에 [jə]가 올 때에는 각각 '디
   어', '리어', '니어'로 적는다.

yard	[jɑːd]	야드
yank	[jæŋk]	얭크
yearn	[jəːn]	연
yellow	[jelou]	옐로
yawn	[jɔːn]	욘
you	[juː]	유
year	[jiə]	이어
Indian	[indjən]	인디언
battalion	[bətæljən]	버탤리언
union	[juːnjən]	유니언

제10항 복합어

1. 따로 설 수 있는 말의 합성으로 이루어진 복합어는 그것을 구성하고 있는 말이 단독으로 쓰일 때의 표기대로 적는다.

cuplike	[kʌplaik]	컵라이크
bookend	[bukend]	북엔드
headlight	[hedlait]	헤드라이트
touchwood	[tʌʧwud]	터치우드
sit-in	[sitin]	싯인
bookmaker	[bukmeikə]	북메이커
flashgun	[flæʃgʌn]	플래시건
topknot	[tɔpnɔt]	톱놋

2. 원어에서 띄어 쓴 말은 띄어 쓴 대로 한글 표기를 하되, 붙여 쓸 수
   도 있다.

    Los Alamos   [lɔs æləmous]   로스 앨러모스/로스앨러모스
    top class   [tɔpklæs]   톱 클래스/톱클래스

위의 내용에 더하여 다음과 같은 규정이 있다 (인명, 지명 등 고유명사에
적용됨).

    (가) 어말의 –a[ə]는 '아'로 적는다.

    (나) 어말의 –s[z]는 '스'로 적는다.

    (다) [ə]의 음가를 가지는 i와 y는 '이'로 적는다.

    (라) –ton은 모두 '턴'으로 적는다.

    (마) 접두사 Mac–, Mc–은 자음 앞에서는 '맥'으로, 모음 앞에서
        는 '매ㅋ'로 적되, c나 k, q 앞에서는 '매'로, l 앞에서는 '매클'
        로 적는다.

    (바) and로 연결된 말은 and를 빼고 표기하되, 언제나 띄어 쓴다.

5장

한글을
발음기호로 사용한
영어 발음
표기법

앞 장에서는 한국어 속에 들어와 있는 영어 어휘를 한글로 적을 때와 관련한 논의를 하였다. 그리고 그 표기가 정확한 영어 발음과는 거리가 있음을 지적하였다. 이는 현행 외래어 표기법이 한글 맞춤법의 틀 안에서 이루어지다 보니, 한국어에서 사용되지 않는 영어 소리, 즉 '[f]/[v]/[θ]/[ð]/[z]/[ʒ]' 등을 표기할 방법이 없고, 장모음이나 강세 등 영어에서 매우 중요한 자질을 기존의 한글 맞춤법 틀 안에서는 표시하기 어렵기 때문이다. 또한 현행 외래어 표기법은 관용을 존중할 수 있게 되어 있어 실제 발음과 괴리가 있는 표기가 상당수 존재하기 때문이기도 하다. 그런데 경우에 따라서는 영어 발음을 정확하게 표기해야 할 때도 있다. 이 경우 영어 발음기호를 사용하는 것이 가장 좋으나, 최근 국내 영어교육에서는 발음기호를 별도로 가르치지 않는다. 따라서 발음기호에 익숙하지 않은 한국인들에게 정확한 영어 발음을 알려줄 수 있는 수단이 필요해진다고 할 수 있다. 여기에서는 이에 대한 논의를 하기로 한다.

1. 정확한 영어 발음 표기의 필요성

미국에서도 중고등학교의 교과서나 전문 서적, 혹은 신문 등에서 새로운 용어나 전문 용어 등을 소개할 때, 정확한 영어 발음을 표기해야 할 때가 있다. 이럴 때 미국에서는 우리나라 사전에서 사용하는 발음기호보다는 다음과 같은 표기 방식을 택하는 경우가 많다.

One branch of earth science is geology (jee-AHL-uh-jee). (*Exploring Earth Science*, Prentice Hall, 1995, p. 9)

Hurrying to the square, the townspeople found their priest, Father Miguel Hidalgo (mee GEHL ih DAHL goh), in the midst of a stirring speech. (*American Journey: The Quest for Liberty to 1877*, Prentice Hall, 1992, p. 386)

앞의 것은 미국의 지구과학 교과서에서 'geology'라는 용어의 발음이 'jee-AHL-uh-jee'임을 표기한 것이고 (대문자는 강세를 표시함), 뒤의 것은 미국의 미국사 교과서에서 'Miguel Hidalgo'라는 이름의 발음이 'mee GEHL ih DAHL goh'임을 표기한 것이다. 음절 경계를 표시하기 위해 앞에서는 덧금(하이픈)을 사용하고, 뒤에서는 띄어쓰기를 한 것 외에는 그 방식이 대동소이하다. 이것이 미국에서 일반적으로 통용되는 발음 표기 방식이다 (물론 일부에서는 발음기호 등 다른 방식을 사용하기도 한다).

이는 영어에서 철자가 발음을 정확하게 나타내 주지 못하므로, 경우에 따라 철자와 별도로 발음을 표기해야 할 필요가 있음을 보여준다. 위의 'jee-AHL-uh-jee'를 한글로 적으면 '지**알**러지' 정도가 되고, 'mee GEHL ih DAHL goh'는 '미**겔** 이**달**고' 정도가 된다. 'Miguel Hidalgo'는 스페인어 이름이므로 영어로 읽을 때와 발음에 차이가 있어 교과서에서 그 발음을 표기한 것이다.

한글로 글을 쓰는 경우에도 유사한 상황이 벌어질 수 있다. 예를 들어 영어 고유명사의 정확한 발음을 표기할 필요가 있거나, 현행 외래어 표기법에 따른 표기와 실제 영어 발음과의 차이를 설명할 필요가 있을 때 등에 한글을 활용한 발음 표기 방법이 있으면 유용할 것이다. 특히 최근에는 영어 수업에서도 영어 발음기호를 별도로 가르치지 않고 있으므로, 우리 사회에서 일반적으로 통용될 수 있는 영어 발음 표기 방법을 한글의 큰 틀을 유지하면서 만들어낼 수 있으면 여러모로 유용할 것으로 생각된다.

　말하자면 한글을 일종의 발음기호로 사용하는 것인데, 이는 조선 시대에도 있었던 전통이다. 다음은 1670년에 간행된 것으로 추정되는 『노걸대언해』의 첫 면이다. (『노걸대』는 조선시대에 역관을 양성하던 사역원에서 사용하던 교재로 『노걸대』 자체는 고려시대부터 사용되던 것이었다. 훈민정음이 창제된 이후 사역원에서는 『노걸대』를 비롯해 사역원에서 사용하는 중국어, 일본어, 몽골어, 만주어 등의 외국어 교재들에 훈민정음으로 각 글자의 발음을 표시하고 문장 단위로 뜻을 풀어 외국어교육에 사용하였다. 『노걸대언해』의 '언해'는 '언문', 즉 '훈민정음'으로 풀었다는 뜻이다.)

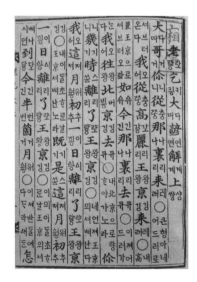

1670년에 간행된 것으로 추정되는 『노걸대 언해』의 첫 면. 각 한자 옆에 훈민정음으로 정음과 속음의 두 가지 발음을 적고, 문장이 끝나는 지점에는 훈민정음으로 해당 문장의 뜻을 적어 놓았다.

　위에서 보는 바와 같이 각 한자 옆에 훈민정음으로 정음과 속음의 두 가지 발음을 달았고, 문장이 끝나는 지점에 권점(동그라미)을 찍고 훈민정음으로 그 문장의 뜻을 적었다. 『노걸대언해』에서 언해된 첫 문장은 "큰형아 네 어드러로셔브터 온다"이다. 이와 같이 조선시대에는 역관을 훈련시킬 때 회화체 교재를 사용했으며, 녹음기가 없던 시절 정확한 발음을 교육시키기 위해 훈민정음을 발음기호로 사용하였음을 알 수 있다 (조선시대 외국어교육의 선진적 면모에 관해서는 2009년에 나온 나의 논문 "우리나라 외국어교육의 전통과 19세기말 유럽의 개혁교수법"을 참고할 것).

참고사항

일제강점기 영어 학습서에서의 발음 표기

일제강점기에 발행된 영어 학습서 중에는 영어 단어나 문장의 발음을 한글로 표기한 것들도 있다. 이들은 한국어에서 사용되지 않는 영어 음운의 표기를 위해 현행 한글 맞춤법에서 사용되지 않는 글자를 사용하기도 하였다.

다음은 1922년 9월 28일자 동아일보에 게재된 이원창 저 동양서원 발행 『신안영어독학』 이라는 책의 광고에 포함된 영어 발음 표기의 예이다.

6. Seasons

(六) 節　期

잇 휘쓰 스프딍— 웨떠—　　하우 아이 랸—°ㄷ
1. It is spring weather.　How I longed
이것이 오 春의 　天氣 　如何케 余가 切望호얏든지
　(1)　°(4)　(2)　　　(3)　　　　(1)　　(2)　　　(5)

【譯】 이것봄日氣오。

뽀어 릿ㄷ　스프딍— 이쓰 떠　모—슷　프리네세ㄷ
for it!　Spring is the most pleasant
쓰향아 이것을 　春이 이오 其 極 　暢快호줏
　(4)　(3)　　　(1)　(9)　(6)　(7)　　　(8)

너 가봄되기돌엇더케 바랏든지。봄이모든節期中

아떻 오—ㄹ 떠 　씨—쓴쓰
of all the seasons.
中에 모든 其 　節期돌
(5)　(2)　(3)　　　(4)

세第一快暢호셔오

오—ㄹ 떼 츠뤼—쓰 아—　화잇 위ㅎ 쁠르누ㅁ
2. All the trees are white with bloom.
모든 其 樹木돌이 깃오 白 로 花
(1)　(2)　(3)　　(7)　(6)　(5)　(4)

【譯】 모든나무돌이 잇으로허여(白)졋소

이떻 떠　웨떠—　프루—ㅂ　뻐—삐럴블 떼어—
3. If the weather prove favorable, there
若 其 天氣가 膣示호현 適宜케 (此字는삭이)
(1)　(2)　(3)　　(5)　　(4)　　(지아ㅂ흘)

【譯】 만일天氣가適宜키 만호면 今年에 果物이豐

윌—　삐 프리넽의 아뽀 쁘룻ㄷ 떼쓰 이—어—
will be plenty of fruit this year.
겟소 되 豐足 의 果物이 今 年에
(10)　(11)　(8)　(9)　(10)　(6)　(7)

盛케 되겟소

한국어에서 사용되지 않는 영어 소리를 표기하기 위해 생소한 글자를 다수 사용하고 있음을 확인할 수 있다.

다음은 저자 미상의 1923년 판 『최신 실용 영어독습』의 일부이다.

—{ 186 }—

두 책 모두 영어 발음을 표기하기 위해 한글 표기에 사용되지 않는 글자를 사용하며, 또 영어 어순과 한국어 어순과의 차이를 고려하여 영어 단어마다 한국어로 번역할 때의 순서를 표시하고 있다. 아울러 각 문장의 뜻을 한글로 적어 보여주고 있다. 그러나 구체적 영어 발음 표기에 있어서는 같은 단어인 'weather'나 'the', 'is' 등의 발음 표기에 차이를 보이기도 한다.

2. 영어와 한국어 간의 차이점

영어 발음을 한글로 표기하는 방법을 구안함에 있어 몇 가지 생각해 볼 점이 있다. 그것은 영어의 소리 체계와 한국어 소리 체계 간에 존재하는 차이점에 관한 것이다.

우선 영어에는 '[f]/[v]/[θ]/[ð]/[z]/[ʒ]' 등 한국어에서 사용되지 않는 소리들이 있다. 이들을 외래어 표기법에서는 가장 유사한 한국어 소리로 대체해 표기했는데, 영어 발음을 정확히 표기하기 위해서는 이들을 표기할 수 있는 방안을 마련해야 한다.

둘째로 영어에서는 강세가 대단히 중요하다. 기본적으로 제1강세와 제2강세의 표시가 필요한데, 현행 외래어 표기법에서는 이를 전혀 고려하지 않고 있다. 따라서 정확한 영어 발음을 표기하기 위해서는 제1강세 및 제2강세를 표기하는 방안을 반드시 마련해야 한다.

셋째로 영어에서는 모음의 길이가 매우 중요하다. 즉 장모음과 단모음의 구분이 중요한데, 현행 외래어 표기법에서는 이 구분이 전혀 반영되지 않는다. 영어 발음의 정확한 표기를 위해서는 반드시 장모음 여부를 구분해 표기할 수 있어야 한다.

넷째, 영어의 음절 구조와 한국어의 음절 구조가 다르다. 예를 들어 영어에서 'desk'라는 단어는 1음절이지만, 이를 한글로 적은 '데스크'는 3음절이다. 영어에서는 자음이 여러 개 연이어 나타날 수 있고 또 모음 없이 단독으로 발음될 수 있지만, 한국어에서는 자음은 항상 모음과 함께 발음되어야 한다. 이 때문에 'desk'에서 's'나 'k'처럼 자음이 겹쳐 나오는 경우 한글에서는 'ㅅ'과 'ㅋ'만 쓸 수 없고 반드시 'ㅡ' 모음을 삽입해 '스'와 '크'로 적어야 한다. 그렇기 때문에 영어 어휘를 한글로 적으면 음절 수가 영어에서보다 늘어나기도 한다 (이를 피하기 위해 'desk'를 '데ㅅㅋ'로 적는 방법을 생각해 볼 수는 있지만 이는 현행 한글 맞춤법 틀의 근간을 흔드는 일이기 때문에 피하기로 한다). 또 'p/t/k'와 'b/d/g'가 단어 끝에 나올 때 이를 받침으로 쓸지 '으' 모음을 붙여 별도의 음절로 적을지 문제가 된다. 예를 들어 현행 외래어 표기법에 따르면 'cap'은 '캡'으로 적지만, 'cab'는 '캐브'로 적는다. 하지만 'web'는 '웨브'가 아니라 '웹'으로 적는다. 따라서 이들의 영어 발음을 표기할 때 별도의 음절을 구성하지 않고 앞 모음의 받침으로 적을지, '으'를 붙여 별도의 음절로 적을지 등에 대해서도 생각해 보아야 한다.

(참고: 여기에서의 논의는 영어 발음을 단순히 현행 한글 맞춤법 틀 안에서 적고자 하는 것이 아니라, 한글을 일종의 발음기호로 사용하되 영어 특유의 음성학적 특징을 그 표기에 반영하고자 하는 시도라는 점에 유의해 주기 바란다. 한글을 발음기호로 사용해 영어 발음을 정확하게 표기하고자 하는 시도는 2018년에 나온 내 책 『성경과 영어』에서도 이루어졌는데, 여기에서는 『성경과 영어』에서의 논의를 좀 더 발전시키고자 한다. 아울러 나는 2001년에 나온 내 책 『한국인을 위한 영어 발음 교과서』 등에서 "영어 발음을 한글로 표기하지 마라"는 주장을 하였는데, 이는 당시 상당수의 영어 발음 관련 책에서 영어 특유의 음성학적 특징에 대한 고려 없이 한글로 영어 발음을 부정확하게 표기하는 관행이 있었기 때문이다. 즉 영어 특유의 음성학적 특징을 반영하지 못하는 당시의 표기 방식에 심각한 문제가 있었기 때문이다.)

3. 영어 발음 표기 원칙

앞 절에서 논의한 영어의 소리 체계와 한국어 소리 체계 간의 차이점을 고려해 다음과 같은 표기 원칙을 세우고자 한다.

① **한국어에서 사용되지 않는 영어 소리의 표기**

한국어에서 사용되지 않는 영어 소리들에 대해서는 다음과 같이 현행 한글 맞춤법에서 사용하지 않는 글자들을 추가로 도입한다.

[f] → ㆄ

[v] → ㅸ

[θ] → ㅅㅇ

[ð] → ㄷㅇ

[z] → ㅿ

[ʒ] → ㅈㅇ

'ㆄ/ㅸ/ㅿ'은 훈민정음 창제 당시부터 마찰음인 '[f]/[v]/[z]' 소리를 표기하기 위해 사용되던 글자이므로 살려 쓰는 것이다. 또 'ㅅㅇ/ㄷㅇ/ㅈㅇ'은 '[θ]/[ð]/[ʒ]'가 마찰음임을 표시하기 위해 'ㅅ/ㄷ/ㅈ' 옆에 'ㅇ'을 병기하여 사용하기로 한다 ([l] 표기를 위해 'ㄹㄹ'도 도입함).

② **강세 표시**

영어의 강세는 짙은 글씨로 표시하기로 한다. 제1강세는 다른 글씨보다 더 크게 표시하고, 제2강세는 다른 글씨와 같은 크기로 표시한다. 예를 들어 'Alabama'는 발음이 '[æ̀ləbǽmə]'이다. 여기에서 'ˊ' 표시가 붙은 '[ǽ]'가 제1강세이고 'ˋ' 표시가 붙은 '[æ̀]'가 제2강세이다. 따라서 'Alabama'의 발음을 한글로 적으면 다음과 같이 된다.

Alabama   [æ̀ləbǽmə]   **앨러배**머

'세레나데'로 적는 'serenade'의 영어 발음 '[sèrinéid]'에도 제1강세와 제2강세가 모두 나타난다. 이를 적으면 다음과 같다.

serenade   [sèrinéid]   **쎄**리**네**이드

'Texas'[téksəs]처럼 제1강세만 있을 때는 다음과 같이 적는다.

Texas   [téksəs]   **틱**써스

1음절 영어 단어가 한글로 표기되면서 다음절 단어로 보이게 되는 경우에는 원래 영어의 모음이 포함되는 음절에 강세 표시를 하기로 한다. 다음은 그 예이다.

this   [ðis]   **디**스

또한 1음절 단어라도 필요에 따라서는 강세 표시를 하기로 한다.

man   [mæn]   맨/**맨**

강세를 받는 모음 앞에 여러 자음이 올 때는 해당 자음들을 모두 굵은 글씨로 표시한다.

pronoun   [próunaun]   **프로**우나운
(단 '[s]'는 예외로 한다. cf. sky [skai]   스**카**이/스**까**이)

③ 장모음 표시

장모음 표시를 위해 '덧금'(하이픈)을 사용하기로 한다. 즉 'bee'의 발음인 '[biː]'는 '비-'로 표기한다. 또 'beam'[biːm]처럼 장모음 다음에 자음이 나오는 경우에는 '빔-'으로 적기로 한다 (이를 '비-ㅁ'으로 적을 수도 있으나, 가급적 현행 한글 표기법 틀을 유지해 적기로 한다).

bee	[biː]	비-
beam	[biːm]	빔-

④ 뒤따르는 모음이 없는 자음의 표기

영어와 한국어의 음절 구조와 관련한 차이점 때문에 발생하는 문제에 대해 생각해 보자. 예를 들어 'desk'의 발음을 한글로 표기할 때 '데스ㅋ'로 적을 수 있을까? 앞에서도 지적하였다시피 이는 일반적인 한글 표기에서는 용인되기 어려운 표기이다. 따라서 어쩔 수 없이 '데스크'라고 적기로 한다. 이때 '데'에 강세가 있음을 표시하기 위해 '**데**스크'로 적기로 하겠다. 이럴 경우 한국어의 특성 때문에 삽입된 '으' 모음이 들어 있는 '스'와 '크'를 길게 발음하거나 강세를 두어 발음하면 안 된다. 이는 이 소리들이 영어에서 자음이기 때문이다.

또한 '[f]/[v]/[θ]/[ð]/[z]/[ʒ]' 등이 후속 모음 없이 사용될 때는 '프/브/ㅆ/ㅁ/스/ㅉ'처럼 '으' 모음을 삽입하여 표기하기로 하겠다. 또 '[ʃ]/[ʧ]/[ʤ]'가 후속 모음 없이 사용될 때는 '시/치/지'로 적기로 하겠다. 이들 역시 자음이므로 한국어에서처럼 '으'나 '이'를 길게 발음하거나 강세를 두어 발음하면 안 된다.

⑤ 위치에 따른 '[p]/[t]/[k]' 소리의 표기

'[p]/[t]/[k]'는 기본적으로 'ㅍ/ㅌ/ㅋ'으로 적는다. 그런데 이들이 '[s]' 다음에 나올 때는 우리말의 된소리처럼 발음되나 이를 표기에 반드시 반영하지는 않기로 하겠다. 예를 들어 'spin'의 발음으로 '스핀'과 '스삔' 두 개를 모두 인정하도록 하겠다.

이들이 음절 말이나 단어 끝에 나와 받침으로 적을 경우에 현행 외래어 표기법에서는 '[p]'는 'ㅂ', '[t]'는 'ㅅ', '[k]'는 'ㄱ'으로 적는다. 이럴 경우 같은 위치의 '[b]/[d]/[g]'와 구별하기 어렵게 되는 문제가 발생한다.

예를 들어 'cap'과 'cab'의 경우 현행 외래어 표기법에서는 각각 '캡'과 '캐브'로 적는데, 'web'을 '웹', 'Bob'을 '밥'으로 적는 것을 준용하면 'cab'도 '캡'으로 적을 수 있게 된다. 그렇게 되면 'cap'과 'cab'을 모두 '캡'으로 적게 되는 셈인데, 그렇게 되면 'cap'과 'cab'의 끝소리 차이를 구별할 수 없게 된다. 이는 '[t]/[d]', '[k]/[g]'의 경우도 마찬가지이다. 이를 구별하기 위해 'cap'은 '캪', 'cab'는 '캡'(혹은 '캐브')으로 적기로 한다. 또 'got'은 '갇', 'God'는 '갇'(혹은 '가드'), 그리고 'duck'은 '덬', 'dug'는 '덕'(혹은 '더그')으로 적기로 한다. (참고: 이는 결국 현행 외래어 표기 원칙 제3항, 즉 "받침에는 'ㄱ, ㄴ, ㄹ, ㅁ, ㅂ, ㅅ, ㅇ'만을 쓴다"는 규정이 영어 발음의 정확한 표기에 장애가 됨을 뜻한다. 그런데 한글 맞춤법에서는 위의 7글자 외에 'ㄷ', 'ㅌ', 'ㅈ', 'ㅊ', 'ㅍ', 'ㅎ' 등도 받침으로 사용할 수 있다 (예: 곧다, 같다, 곶감, 꽃, 높다, 닿다 등). 그럼에도 불구하고 외래어 표기법에서 특정 글자만을 받침으로 사용할 수 있게 규정한 것은 생각해 볼 점이 있다고 하겠다.)

⑥ 모음 다음의 'r' 소리 표기

'car'처럼 모음 다음에 'r' 소리가 나올 때(이는 주로 미국식 영어의 특징임)는 다음과 같이 표기한다.

| car | [kɑːr] | 카ᵉ- |

'[l]'은 위치에 따라 다음과 같이 적기로 한다.

lamb	[læm]	램
evil	[íːvl]	이-블
holy	[hóuli]	호울리

'[s]'는 모음 앞에서는 'ㅆ'으로, 자음 앞이나 단어 끝에서는 '스'로 표기한다. 즉 'Sam'과 'small'은 다음과 같이 적는다.

| Sam | [sæm] | 쌤 |
| small | [smɔːl] | 스몰 |

이에 따라 '[si]'의 발음을 '씨'로 적지만 한국어의 '씨' 발음과 차이가 있으므로 주의가 필요하다.

'[ʃ]'는 그 다음에 나오는 모음에 따라 다음과 같이 표기한다.

shy	[ʃai]	샤이
shame	[ʃeim]	셰임
shoe	[ʃuː]	슈-

| show | [ʃou] | 쇼우 |
| she | [ʃi] | 쉬 |

따라서 '[s]', '[ʃ]'의 차이는 다음과 같게 된다.

| soul | [soul] | 쏘울 |
| shoal | [ʃoul] | 쇼울 |

그런데, '[ʃ]'가 '[r]' 등 자음 앞에 나올 때는 '슈'로 적는다.

| shrimp | [ʃrimp] | 슈림프 |

또 ④에서 설명한 바와 같이 '[ʃ]'가 단어나 음절의 마지막 소리여서 뒤따르는 모음이 없을 경우에는 '시'로 적는다.

| English | [íŋgliʃ] | 잉글리시 |

⑩ '[j]'의 표기

'[j]'는 '이'를 다음에 나오는 모음과 합쳐 표기한다. 다음은 그 예이다.

yes	[jes]	예스
you	[ju]	유
young	[jʌŋ]	영
yo-yo	[jóujou]	요우요우

| yarn | [jɑːrn] | 얀- |
| yam | [jæm] | 얨 |

‘[j]’ 다음에 ‘[i]’가 나올 때는 ‘이’를 다시 ‘이’와 결합할 수 있는 방법이 현재로서는 없으므로 그냥 ‘이’로 적는다. 따라서 현재의 표기법에서는 ‘ear’와 ’year’를 구분해 적을 수 없다. 미국인 중에 ‘this year’를 발음할 때 ‘[ðiʃiər]’ 혹은 ‘[ðiʃʃər]’처럼 발음하는 사람들이 있는데 이는 ‘this’의 끝소리인 ‘[s]’와 ’year’의 첫소리인 ‘[j]’가 합쳐져 ‘[ʃ]’ 소리가 될 수 있기 때문이다.

⑪ ‘[w]’의 표기

‘[w]’는 ‘우’를 다음에 나오는 모음과 합쳐 표기한다. 다음은 그 예이다.

why	[wai]	와이
way	[wei]	웨이
wind	[wind]	윈드

‘[w]’ 다음에 ‘[u]’가 나올 때는 그냥 ‘우’로 적는다.

| wound | [wuːnd] | 운-드 |

⑫ ‘[ʌ]’의 표기

‘어’와 ‘아’의 중간 발음인 ‘[ʌ]’는 ‘ㆍ’를 쓰는 것도 한 방법이기는 하나, 여기에서는 편의상 ‘어’나 ‘아’로 표기하기로 한다. (음성학 등에서 ‘[ʌ]’

를 '[ə]' 등과 구별할 필요가 있을 경우에는 '·'를 쓰는 것을 생각해 볼 수 있다.)

| bus | [bʌs] | 버스 (**ㅂ**스) |
| none | [nʌn] | 난 (**ㄴ**) |

⑬ '[ə]'의 표기

'[ə]'는 '어'로 표기한다.

4. 영어 발음과 한글 표기 대조표

각 영어 소리에 대응하는 한글 표기를 정리하면 다음과 같다. (다음에 제시하는 기호는 철자가 아니라 소리를 기준으로 한 것이다.)

〈자음〉

폐쇄음 (파열음)	무성음	[p] → ㅍ, [t] → ㅌ, [k] → ㅋ
	유성음	[b] → ㅂ, [d] → ㄷ, [g] → ㄱ
마찰음	무성음	[f] → ㆄ, [θ] → ㅆ, [s] → 모음 앞 'ㅆ'/그 외 'ㅅ', [ʃ] + [a]/[i]/[u]/[e]/[o] → 샤/쉬/슈/셰/쇼 (자음 앞에서는 '슈', 단어나 음절 끝에서는 '시'), [h] → ㅎ
	유성음	[v] → ㅸ, [ð] → ㄸ, [z] → ㅿ, [ʒ] → ㅿㅇ
폐찰음 (파찰음)	무성음	[tʃ] → ㅊ (단어 끝이나 자음 앞에서는 '치')
	유성음	[dʒ] → ㅈ (단어 끝이나 자음 앞에서는 '지')
비음	유성음	[m] → ㅁ, [n] → ㄴ, [ŋ] → ㅇ

유음	유성음	[l] → ㄹㄹ (단어 끝이나 자음 앞에서는 'ㄹ'), [r] → ㄹ
활음	유성음	[w] + [a]/[i]/[u]/[e]/[o] → 와/위/우/웨/워, [j] + [a]/[i]/[u]/[e]/[o] → 야/이/유/예/요

〈모음〉

[a] → 아, [e] → 에, [i] → 이, [o] → 오, [u] → 우

[æ] → 애, [ɔ] → 오, [ə] → 어, [ʌ] → 어/아 (·)

5. 한글 영어 발음 표기와 관련한 유의점

한글로 표기한 영어 발음을 읽을 때는 다음과 같은 사항에 유의해야 한다.

한글 영어 발음 표기와 관련한 유의점

1. 영어 발음 표기에 사용된 한글 자모음은 한국어 원래의 음가가 아니라 해당 영어 소리의 음가를 표기하는 것이다. 따라서 한국어식이 아니라 영어식으로 읽어야 한다. 예를 들어 영어의 'b' 소리와 한국어의 'ㅂ' 소리는 유사하기는 하나, 완전히 동일하지는 않다. 따라서 영어 단어 'be'의 발음과 한국어 단어 '비'의 발음은 완전히 동일한 것은 아니다. 따라서 영어 발음을 표기한 한글 자모음은 각각 그에 상응하는 영어 자모음의 음가대로 읽어야 한다.

2. 영어 발음을 표기한 한글을 한국어식으로 이어 읽으면 안 되

는 경우가 있다. 예를 들어 한글로 표기한 '닉네임'을 한국어식으로 읽으면 '닝네임'이 되는데, 영어 'nickname'을 그렇게 읽으면 안 된다. 한국어식 발음 '닝네임'을 굳이 영어로 적으면 'ningname'이 되기 때문이다. 따라서 영어 발음을 표시한 한글 표기는 이어 읽을 때도 반드시 영어식으로 이어 읽어야 한다.

3. 한글로 적힌 'ㅡ' 모음에 강세를 두거나 길게 발음하면 안 된다. 이는 영어의 자음을 한글로 표기할 때 (구체적으로는 해당 자음 다음에 모음이 나오지 않을 때) 한국어 모음 'ㅡ'를 첨가해야 하기 때문에 일어나는 문제이다. 즉 영어에서 강세를 두거나 길게 늘여 발음할 수 있는 것은 모음뿐이며 자음의 경우에는 불가능하므로, 영어의 자음에 첨가한 한글 'ㅡ'에 강세를 주거나 길게 발음해서는 안 된다. 한국인 중 영어로 말을 할 때 습관적으로 단어 끝의 자음에 강세를 붙이는 사람들이 간혹 있는데, 이런 사람들은 특히 주의를 해야 한다.

4. '[si]'를 편의상 '씨'로 적지만 한국어의 '씨' 발음과 차이가 있으므로 주의가 필요하다. 어말의 [ʃ]도 '시'로 적지만, 한국어의 '시'와 차이가 있다. 또한 '[t]'가 '[r]' 앞에 나올 경우에 (예를 들어 'tree' 같은 경우), '[t]'를 '트'로 적지만 실제 발음은 '츠'에 가까운 경우도 있으므로 역시 주의가 필요하다.

5. 한글로 영어 발음을 표기하는 데에는 제약이 있다. 따라서 독자들은 필요한 경우 영어 발음기호를 참고하거나 원어민의 발음을 통해 정확한 영어 발음을 확인하여야 한다.

6. 한국인들이 잘못 발음하기 쉬운 영어 어휘들

한국어에는 영어로부터 들어온 어휘들이 상당수 있다. 이 어휘들은 앞 장에서 논의한 외래어 표기법에 따라 한글로 표기되며 우리 말글살이에서 빈번히 사용된다. 그런데 이들 어휘의 한글 표기와 실제 영어 발음 간에 차이가 나는 경우가 많이 있다.

예를 들어 우리가 '에덴동산'이라고 말하는 '에덴'Eden의 영어 발음은 '**이**-든' [íːdn]이며, '오보에'는 '**오**우보우'[óubou], '아메바'는 '어**미**-버'[əmíːbə], '우라늄'은 '유**레**이니엄'[juréiniəm]이다. 또 '이탤리' 혹은 '이탈리아'라고 부르는 'Italy'의 영어 발음은 '**이**들리'[íɾli]이다.

이제 이들을 유형별로 묶어 보고, 이들의 정확한 발음을 본 장에서 소개한 표기법에 따라 표기해 보도록 하자. (이 장에서의 논의는 반드시 외래어 표기법에 따른 표기가 아니더라도 우리 말글살이에서 사용되고 있는 것들은 모두 대상으로 한다. 또 영어 발음에는 크게 나누어 미국 영어와 영국 영어 간의 차이가 있고, 또 미국 영어에도 지역 간 차이가 있기는 하나, 여기에서는 일반적으로 통용되는 미국 영어 발음을 기준으로 표기하도록 한다.)

6.1. 모음

① 'a/e/i/o/u' 철자의 발음기호식 읽기

영어에서는 'a/e/i/o/u' 철자가 반드시 발음기호 '[a]/[e]/[i]/[o]/[u]'의 소리값을 갖는 것은 아니다. 그럼에도 불구하고, 한국어에서는 이들 철자가 포함된 영어 어휘를 차용하는 경우, 본래의 영어 발음을 무시하고 철자식 발음spelling pronunciation을 취하는 경향이 있다. 예를 들어 '[ei]'로 발음되는 'label'의 'a'를 '아'로 발음한다든지, '[i]'로 발음 되는 'zero'의 'e'를 '에'로, '[ai]'로 발음되는 'vinyl'의 'i'를 '이'로, '[ɑ]' 로 발음되는 'rocket'의 'o'를 '오'로, '[ʌ]'로 발음되는 'mustang'의 'u'를 '우'로 발음하는 것 등이 이런 부류에 속하는 것들이다.

이제 각 철자별로 이런 예들을 살펴보기로 하자.

철자 'a'를 영어식으로 '[ei]'로 읽지 않고 한국어식으로 '아'로 읽는 예

단어	한국어식 발음	실제 영어 발음
acacia	아카시아	어**케**이셔 [əkéiʃə]
butane	부탄	**뷰**-테인/**뷰**-**테**인 [bjúːtein/bjuːtéin]
Canaan	가나안	**케**이넌 [kéinən]
cellophane	셀로판	**쎌**러풰인 [séləfein]
chaos	카오스	**케**이아-스 [kéiɑːs]
Gabriel	가브리엘	**게**이브리얼 [géibriəl]
geranium	제라늄	저**레**이니엄 [dʒəréiniəm]
label	라벨	**레**이블 [léibl]
mania	마니아	**메**이니어 [méiniə]
matrix	매트릭스	**메**이트릭스 [méitriks]
natrium	나트륨	**네**이트리엄 [néitriəm]
oasis	오아시스	오우**에**이씨스 [ouéisis]
octane	옥탄	**악**-테인 [áːktein]
pathos	파토스	**페**이싸-스 [péiθɑːs]
propane	프로판	프로우**페**인 [próupein]
radio	라디오	**레**이디오우 [réidiou]
sadism	사디즘	**쎄**이디슴/**쌔**디슴 [séidɪzəm/sǽ-]
stadium	스타디움	스**테**이디엄/스**떼**이디엄 [stéidiəm]

철자 'a'를 영어식으로 '[æ]'로 읽지 않고 한국어식으로 '아'로 읽는 예
(일부는 영국 영어식 발음으로 볼 수도 있음)

단어	한국어식 발음	실제 영어 발음
Adam	아담	**애**덤 [ǽdəm]
Aladdin	알라딘	얼**래**든 [əlǽdn]
albumin	알부민	앨**뷰**-민/**앨**뷰민 [ælbjúːmin/ǽlbjumin]
Alexander	알렉산더	**앨**리그**샌**더ᄅ [ǽligzǽndər]
alibi	알리바이	**앨**러바이/**앨**리바이 [ǽləbai/ǽlibai]
allegory	알레고리	**앨**러고-리 [ǽləgɔːri]
amateur	아마추어	**애**머처ᄅ/**애**머터ᄅ [ǽmətʃər/ǽmətər]
Amazon	아마존	**애**머싼- [ǽməzɑːn]
antenna	안테나	앤**테**너 [ænténə]
Arab	아랍	**애**럽 [ǽrəb]
atom	아톰	**애**덤 [ǽɾəm]
bacteria	박테리아	백**티**리어 [bæktíriə]
banana	바나나	버**내**너 [bənǽnə]
barricade	바리케이드	**배**리케이드 [bǽrikèid]
boomerang	부메랑	**부**-머랭 [búːməræŋ]
calendar	카렌다	**캘**린더ᄅ/**캘**런더ᄅ [kǽlindər/kǽləndər]
calorie	칼로리	**캘**러리 [kǽləri]
catalog(ue)	카탈로그	**캐**덜로-그 [kǽrəlɔːg]
category	카테고리	**캐**더고리 [kǽrəgɔri]
Dalmatian	달마시안	댈**메**이션 [dælméiʃən]
gas	가스	**개**스 [gæs]
jackal	자칼	**재**클 [dʒǽkl]
jacket	자켓	**재**킽 [dʒǽkit]
jasmine	자스민	**재**스민 [dʒǽzmin]
mask	마스크	**매**스크 [mæsk]

(단어)	(한국어식 발음)	(실제 영어 발음)
masochism	마조히즘	**매**써**키**슴 [mǽsəkizm]
Nazareth	나사렛/나자렛	**내**서러쓰 [nǽzərəθ]
Nevada	네바다	너**배**더 [nəvǽdə]
Niagara	나이아가라	나이**애**거러/나이**애**그러 [naiǽgərə/-grə]
orgasm	오르가즘	**오**-ㄹ**개**슴 [ɔ́ːrgæzəm]
Pandora	판도라	팬**도**-러 [pændɔ́ːrə]
panel	판넬	**패**널 [pǽnəl]
panorama	파노라마	패너**래**머 [pænərǽmə]
racket	라켓	**래**킽 [rǽkit]
shampoo	샴푸	섐**푸**- [ʃæmpúː]
talent	탈렌트	**탤**런트 [tǽlənt]
vaseline	바셀린	**배**썰린- [vǽsəliːn]

단어 끝의 'a'를 영어식으로 '[ə]'로 읽지 않고 한국어식으로 '아'로 읽는 예

단어	한국어식 발음	실제 영어 발음
Alabama	알라바마/앨라배마	**앨**러**배**머 [ælǝbǽmǝ]
Alaska	알라스카/알래스카	얼**래**스커 [əlǽskə]
Arizona	아리조나/애리조나	**애**러**소**우너 [æ̀rəzóunə]
dilemma	딜레마	딜**레**머 [dilémə]
guerilla	게릴라	거**릴**러 [gərílə]
Nevada	네바다	너**배**더 [nəvǽdə]
opera	오페라	**아**-퍼러/**아**-뻐러 [áːpərə]
sofa	소파/쇼파	**쏘**우풔 [sóufə]

철자 'e'를 영어식으로 '[i]'로 읽지 않고 한국어식으로 '에'로 읽는 예

단어	한국어식 발음	실제 영어 발음
Achilles	아킬레스	어**킬**리-스 [əkíliːz]
bacteria	박테리아	백**티**리어 [bæktíriə]
calendar	카렌다	**캘**린더ㄹ [kǽlindər]
Eden	에덴	**이**-든 [íːdn]
erotic	에로틱	이**라**-딕 [iráːrik]
helium	헬륨	**힐**-리엄 [híːliəm]
Neanderthal	네안데르탈	니**앤**더탈-/니**앤**더쌀-
		[niǽndərtɑːl/niǽndərθɑːl]
neon	네온	**니**-안- [níːɑːn]
Nero	네로	**니**-로우 [níːrou]
racket	라켓	**래**킽 [rǽkit]
xerox	제록스	**시**락-스 [zírɑːks]
zero	제로	**시**로우 [zírou]

(참고: 우리나라에서 흔히 『지킬 박사와 하이드 씨』로 번역되는 소설의 등장인물 '지킬 박사'에 해당하는 영어 표현은 'Dr. Jekyll'이다. 여기서 'Jekyll'은 일반적으로 '[dʒékl]', 즉 '**제**클'로 발음된다. 따라서 이는 위의 경우와 반대로 '[e]'로 발음되는 'e'를 '[i]'로 잘못 발음하는 경우라고 할 수 있다. 흔히 '비벌리 힐즈'로 발음되는 'Beverly Hills'도 실제 발음은 '**베**벌리 **힐**즈'[bèvərli hílz]이다.)

철자 'i'를 영어식으로 '[ai]'로 읽지 않고 한국어식으로 '이'로 읽는 예

단어	한국어식 발음	실제 영어 발음
Delilah	데릴라	딜**라**일러 [diláilə]
diastase	디아스타제	**다**이어스테이스 [dáiəstèis]
diopter	디옵터	다이**앞**터ㄹ [daiáptər]

(단어)	(한국어식 발음)	(실제 영어 발음)
Goliath	골리앗	걸**라**이어쓰 [ɡəláiəθ]
ion	이온	**아**이언 [áiən]
Isaac	이삭	**아**이석 [áizək]
Messiah	메시아	머**싸**이어 [məsáiə]
Sinai	시나이	**싸**이나이 [sáinai]
Viagra	비아그라	봐이**애**그러 [vaiǽɡrə]
vinyl	비닐	**봐**이닐 [váinil]
vitamin	비타민	**봐**이러민 [váirəmin]
Zion	시온	**사**이언 [záiən]

철자 'o'를 영어식으로 '[ɑ]'로 읽지 않고 한국어식으로 '오'로 읽는 예
(영국 영어식 발음으로 볼 수도 있음)

단어	한국어식 발음	실제 영어 발음
Apollo	아폴로	어**팔**로우 [əpálou]
barometer	바로미터	버**라**-미더ㄹ [bəráːmirər]
collagen	콜라겐	**칼**-러전 [káːlədʒən]
comedy	코메디	**카**-머디 [káːmədi]
Donald	도날드	**다**널드 [dánəld]
erotic	에로틱	이**라**-딕 [irɑ́ːɾik]
harmonica	하모니카	하-ㄹ**마**니커 [hɑːrmánikə]
lobby	로비	**라**-비 [láːbi]
model	모델	**마**-들 [máːdl]
monitor	모니터	**마**-니더ㄹ [máːnirər]
octane	옥탄	**악**-테인 [áːktein]
opera	오페라	**아**-퍼러/**아**-뻐러 [áːpərə]

(단어)	(한국어식 발음)	(실제 영어 발음)
rocket	로케트	**라**-킽 [ráːkit]
shocking	쇼킹	**샤**-킹 [ʃáːkiŋ]
shopping	쇼핑	**샤**-핑/**샤**-삥 [ʃáːpiŋ]
sponsor	스폰서	스판-써ㄹ/스**빤**-써ㄹ [spáːnsər]

철자 'o'를 영어식으로 '[ou]'로 읽지 않고 한국어식으로 '오'로 읽는 예

단어	한국어식 발음	실제 영어 발음
aerobic	에어로빅	에**로**우빅 [eróubik]
boat	보트	**보**우트 [bout]
bonus	보너스	**보**우너스 [bóunəs]
clover	크로바	**클로**우붜ㄹ [klóuvər]
coat	코트	**코**우트 [kout]
episode	에피소드	에피**쏘**우드 [épisoud]
Monroe	몬로	먼**로**우 [mənróu]
ozone	오존	**오**우소운 [óuzoun]
robot	로보트	**로**우밭- [róubaːt]
rodeo	로데오	**로**우디오우 [róudiou]
sofa	소파	**쏘**우풔 [sóufə]
total	토탈	**토**우들/**토**우를 [tóuɾl]

철자 'u'를 영어식으로 '[ə]'나 '[ʌ]'로 읽지 않고 한국어식으로 '우'로 읽는 예

단어	한국어식 발음	실제 영어 발음
buffet	뷔페	버**풰**이 [bəféi]

(단어)	(한국어식 발음)	(실제 영어 발음)
buzzer	부자	**버**서ㄹ [bʌ́zə(r)]
mustache	무스타슈	머스**태**시 [məstǽʃ]
mustang	무스탕	**머**스탱 [mʌ́stæŋ]
stadium	스타디움	스테이디엄/스**떼**이디엄 [stéidiəm]
ultra	울트라	**얼**트러 [ʌ́ltrə]
yoghurt	요구르트	**요**우거ㄹ트 [jóugərt]

단어 첫머리의 'u'를 영어식으로 '[ju]'로 읽지 않고 한국어식으로 '우'로 읽는 예

단어	한국어식 발음	실제 영어 발음
Ukraine	우크라이나	유크레인 [jukréin]
Ural	우랄	**유**럴 [júrəl]
uranium	우라늄	유**레**이니엄 [juréiniəm]
urethane	우레탄	**유**러쎄인 [júrəθein]
Uruguay	우루과이	**유**러꿰이/**유**러과이 [júrəgwèi/júrəgwài]

영어에는 강세가 오지 않는 모음은 약한 모음 '[ə]'(이를 'schwa'라고 부름)로 발음되는 소리 법칙이 있는데 한국어에서는 이런 영어식 소리 법칙과 무관하게 'a/e/i/o/u'를 모두 발음기호식으로 읽어 받아들인 것이 많다. 이에 따라 다음에서 보는 바와 같이 실제 영어 발음과 한국어식 발음 간에 차이를 보이는 것들이 생기게 되었다.

약한 모음 '[ə]'로 발음되는 'a/e/i/o/u'를 철자식으로 읽는 예
('[l]/[m]/[n]' 앞에서는 '[ə]보다 더 약화되어 우리말의 'ㅡ'처럼 발음되기도 함)

단어	한국어식 발음	실제 영어 발음
accessory	악세사리	억**쎄**써리 [əksésəri]
acetylene	아세틸렌	어**쎄**틸린-/어**쎄**딜린- [əsétəli:n]
Achilles	아킬레스	어**킬**리-스 [əkíli:z]
Adam	아담	**애**덤 [ǽdəm]
adrenaline	아드레날린	어드**레**널린 [ədrénəlin]
Aladdin	알라딘	얼**래**든 [əlǽdn]
alarm	알람	얼**람**- [əláːrm]
Byzantine	비잔틴	**비**선틴- [bízənti:n]
canoe	카누	커**누**- [kənúː]
career	캐리어	커**리**어ㄹ [kəríər]
category	카테고리	**캐**더고-리 [kǽrəgɔːri]
ceramic	세라믹	써**래**밐 [sərǽmik]
charisma	카리스마	커**리**스머 [kərízmə]
cholesterol	콜레스테롤	컬**레**스터럴- [kəléstərɔːl]
collagen	콜라겐	**칼**-러전 [káːlədʒən]
comedy	코메디	**카**-머디 [káːmədi]
compass	콤파스	**캄**-퍼스 [káːmpəs]
diesel	디젤	**디**-슬 [díːzl]
easel	이젤	**이**-슬 [íːzl]
emerald	에메랄드	**에**머럴드 [émərəld]
glycerine	글리세린	**글리**써런/**글리**써린 [glísərən/-rin]
gospel	가스펠	**가**-스플 [gáːspl]
guerrilla	게릴라	거**릴**러 [gərílə]
label	라벨	**레**이블 [léibl]
level	레벨	**레**블 [lévl]
malaria	말라리아	멀**레**리어 [məlériə]

(단어)	(한국어식 발음)	(실제 영어 발음)
medal	메달	**메**들 [médl]
model	모델	**마**-들 [máːdl]
Monroe	몬로	먼**로**우 [mənróu]
Nazareth	나사렛/나자렛	**내**서러쓰 [nǽzərəθ]
Nevada	네바다	너**배**더 [nəvǽdə]
opera	오페라	**아**-퍼러/**아**-뻐러 [áːpərə]
original	오리지날	어**리**지닐 [ərídʒinəl]
pedal	페달	**페**들 [pédl]
scandal	스캔들	스**캔**들/스**깬**들 [skǽndl]
siren	사이렌	**싸**이런 [sáirən]
talent	탈렌트	**탤**런트 [tǽlənt]
Texas	텍사스	**텍**써스 [téksəs]
veteran	베테랑	**베**더런 [vérərən]

② 모음 철자 2개가 겹쳐 나오는 경우의 오류

영어의 모음 철자를 발음기호식으로 읽는 오류는 모음 철자가 2개 겹쳐 나오는 경우에도 마찬가지로 일어난다. 'video', 'mosaic'를 실제 영어 발음인 '**비**디오우'[vídiou], '모우**쉐**이익'[mouzéiik]로 읽지 않고 '비데오', '모자이크' 등으로 발음하는 예가 이에 속한다. 그런데 모음 철자 2개의 발음이 경우에 따라서는 한국인들이 익숙한 발음과 전혀 다른 경우도 있다. 한국인들이 '아메바'라고 알고 있는 'amoeba'의 실제 영어 발음이 '어**미**-버'[əmíːbə]라든지 흔히 '오보에'라고 알고 있는 'oboe'의 실제 영어 발음이 '**오**우보우'[óubou]라든지 하는 예가 이에 속한다.

한국인들이 흔히 잘못 발음하는 모음 철자 2개를 포함하는 단어의 예

단어	한국어식 발음	실제 영어 발음
amoeba	아메바	어**미**-버 [əmíːbə]
caffeine	카페인	캐**핀** - [kæfíːn]
cleansing	클린싱	**클렌**싱 [klénziŋ]
cocaine	코카인	코우**케**인 [koukéin]
freon	프레온	**프리**-안- [fríːɑːn]
jaguar	쟈가	**재**그와-ㄹ [dʒǽgwɑːr]
mosaic	모자이크	모우**제**이익 [mouzéiik]
oboe	오보에	**오**우보우 [óubou]
Oedipus	오이디푸스	**이**-디퍼스/**에**더퍼스 [íːdipəs/édəpəs]
ounce	온스	**아**운스 [áuns]
Parliament	팔리아먼트	**팔**-러먼트 [páːrləmənt]
rodeo	로데오	**로**우디오우 [róudiou]
video	비데오	**비**디오우 [vídiou]
Zeus	제우스	**수**-스 [zuːs]

(참고 1: 한국인들이 흔히 '어게인'이라고 발음하는 영어 단어 'again'의 가장 일반적인 발음은 '[əgén]', 즉 '어**겐**'이다. '[əgéin]'이라는 발음은 영국 영어 일부에서 사용되는 발음이다.

참고 2: 등산인들이 흔히 사용하는 '비박'이라는 말은 원래 '야영(지)' 혹은 '야숙'을 의미하는 독일어 'Biwak'에서 온 것이다. 영어로는 'bivouac'이라고 하는데 (프랑스어에서 유래한 것임), 이의 정확한 영어 발음은 '[bívuæk]' 즉 '**비**부액'이다.)

③ '[ai]'로 발음되는 'y'를 '[i]'로 발음하는 오류

한국인들이 흔히 '파피루스'로 알고 있는 'papyrus'의 실제 영어 발

음은 '퍼**파**이러스'[pəpáirəs]이다. 영어에서는 'papyrus'의 'y'처럼 자음 다음에 나오는 'y'를 '[ai]'로 발음하는 경우가 많으나, 한국어에서는 이들 중 상당수를 '이'로 받아들였기 때문에 잘못된 영어 발음을 하는 한국인이 많은 것이다.

철자 'y'를 영어식으로 '[ai]'로 읽지 않고 한국어식으로 '이'로 읽는 예

단어	한국어식 발음	실제 영어 발음
glycogen	글리코겐	글**라**이커전 [gláikədʒən]
hyacinth	히아신스	**하**이어씬쓰 [háiəsinθ]
Hydra	히드라	**하**이드러 [háidrə]
papyrus	파피루스	퍼**파**이러스 [pəpáirəs]
phytoncide	피톤치드	**퐈**이턴싸이드/**퐈**이던싸이드 [fáitənsaid]
styrofoam	스티로폼	스**타**이러**포**움/스**따**이러**포**움 [stáirəfòum]
xylophone	실로폰	**사**일러**포**운 [záiləfoun]

④ 단어 끝에 나오는 묵음의 'e'를 발음하는 오류

영어에서는 'serenade'처럼 단어 끝에 나오는 'e'를 발음하지 않는 경우가 흔한데, 이를 한국어에서 철자 읽기spelling pronunciation해 '에'로 받아들인 경우가 있다. 이 때문에 한국어식 발음이 실제 영어 발음인 줄 잘못 알고 있는 한국인이 상당수 있다.

발음되지 않는 단어 마지막의 철자 'e'를 한국어식으로 '에'로 읽는 예

단어	한국어식 발음	실제 영어 발음
aloe	알로에	**앨**로우 [ǽlou]
diastase	디아스타제	**다**이어스테이스 [dáiəstèis]

(단어)	(한국어식 발음)	(실제 영어 발음)
oboe	오보에	**오**우보우 [óubou]
serenade	세레나데	**쎄**리**네**이드 [sèrinéid]

⑤ 발음 안 되는 모음 철자를 발음하는 오류

④의 경우와 유사하게 'business'의 'i'는 실제 영어에서는 발음되지 않음에도 불구하고 철자 읽기spelling pronunciation를 하는 사람들은 이를 흔히 '비지니스'라고 잘못 발음한다.

발음되지 않는 모음 철자를 한국어식으로 잘못 읽는 예

단어	한국어식 발음	실제 영어 발음
business	비즈니스	**비**스니스 [bíznis]
idol	아이돌	**아**이들 [áidl]

⑥ 발음되어야 하는 모음을 탈락시키는 오류

④와 ⑤는 실제 영어에서 발음되지 않는 모음 철자를 한국어에서 철자 읽기하는 잘못의 예였으나, 한국어에 유입된 외래어 중에는 이와 반대로 영어에서 실제로 발음되는 모음을 생략한 채 들여온 것도 있다.

발음되어야 할 모음을 탈락시키고 받아들인 외래어의 예

단어	한국어식 발음	실제 영어 발음
camouflage	캄푸라치	**캐**머플라-ㅉ [kæməflɑːʒ]
Rockefeller	록펠러	**라**-커휄러ㄹ [rɑ́ːkəfelər]
Roosevelt	루즈벨트	**로**우ㅅ벨트 [róuzəvelt]
saxophone	색스폰/색소폰	**쌕**써포운 [sǽksəfoun]
Viet Nam	베트남	**비**-엘 **남**- [viːet náːm]

⑦ '[ə]'를 일본어식 발음인 '아'로 받아들인 오류

일본어에는 영어의 '[ə]'에 해당하는 모음이 없다. 따라서 일본인들은 영어의 '[ə]' 모음을 흔히 '아'로 받아들인다. 이렇게 일본인들이 원래의 영어 발음 '[ə]'를 '아'로 받아들인 영어 단어들 중에 상당수가 한국어에 재차 유입되어 한국인 중에도 영어의 '[ə]'를 '아'로 발음하는 경우가 많이 있는데 특히 다음에서 보는 바와 같이 단어 마지막에 나오는 'er'이나 'or' 등의 경우에 이런 경향이 두드러진다. (이들 중에는 이미 '어'로 바뀐 것들도 있다.)

'er'이나 'or' 등의 모음을 영어식으로 '[ə]'로 읽지 않고 일본어식으로 '아'로 읽는 예

단어	일본어식/한국어식 발음	실제 영어 발음
buzzer	부자	**버**ㅅㄹ [bʌ́zə(r)]
clover	크로바	**클**로우버ㄹ [klóuvər]
interior	인테리아	인**티**리어ㄹ [intíriər]
lighter	라이타	**롸**이더ㄹ [láirər]
member	멤바	**멤**버ㄹ [mémbər]
number	남바	**넘**버ㄹ [nʌ́mbər]
order	오다	**오**-ㄹ더ㄹ [óːrdər]

(단어)	(한국어식 발음)	(실제 영어 발음)
over	오바	**오**우버ㄹ [óuvər]
wrecker	렉카	**레**커ㄹ [rékər]

6.2. 자음

① 중첩 자음의 철자식 발음으로 인한 오류

영어에서는 동일한 자음이 두 개 겹쳐 나오는 경우에도 하나의 자음만이 발음된다. 따라서 'comma'나 'ammonia'처럼 'm'이 두 번 나오는 경우라도 [m] 발음은 한 번만 나게 된다. 그러나 이 단어들이 한국어에 들어올 때는 '콤마', '암모니아' 등에서 보는 것처럼 두 개의 자음이 각각 발음된 형태로 들어왔기 때문에 이런 한국어식 발음을 실제 영어 발음으로 잘못 알고 있는 한국인이 의외로 많다.

중첩 자음을 영어식으로 한 번만 발음하지 않고 한국어식으로 각각 두 번 발음하는 예

단어	한국어식 발음	실제 영어 발음
ammonia	암모니아	어**모**우니어 [əmóuniə]
Armageddon	아마겟돈	**아**-ㄹ머**게**든 [à:rməgédən]
bonnet	본넷	**바**-닡 [bá:nit]
comma	콤마	**카**-머 [ká:mə]
gamma	감마	**개**머 [gǽmə]
hammar	햄머/함마	**해**머ㄹ [hǽmər]
Madonna	마돈나	머**다**-너 [mədá:nə]
mammoth	맘모스/매머드	**매**머ㅆ [mǽməθ]
manna	만나	**매**너 [mǽnə]

(단어)	(한국어식 발음)	(실제 영어 발음)
rabbi	랍비	**래**바이 [rǽbai]
runner	런너	**러**너ㄹ [rʌ́nər]
summer	썸머	**써**머ㄹ [sʌ́mər]

(참고: 'pizza'의 경우는 이와 반대의 양상을 보인다. 'pizza'의 실제 영어 발음은 '[píːtsə]'로 우리말의 '핏자'에 더 가까우나, 표준 한국어에서는 '피자', 즉 중첩 자음 중 하나만을 사용한다.)

② '[ʤ]'로 발음되는 'g'를 'ㄱ'으로 읽는 오류

영어 철자 'g'는 '[g]'로 발음될 때도 있지만 '[ʤ]'로 발음될 때도 있다. 그런데 한국어에서는 '[ʤ]'로 발음되는 경우까지 'ㄱ'으로 받아들인 관계로 영어를 발음할 때 잘못을 저지르는 경우가 많다.

단어	한국어식 발음	실제 영어 발음
allergy	알레르기	**앨**러ㄹ지 [ǽlərdʒi]
collagen	콜라겐	**칼**-러전 [káːlədʒən]
Diogenes	디오게네스	다이**아**-저**니**-스 [daiáːdʒəniːz]
estrogen	에스트로겐	**에**스트러전 [éstrədʒən]
gel	젤	**젤** [dʒel]
genome	게놈	**지**-노움 [dʒíːnoum]
germanium	게르마늄	저-ㄹ**메**이니엄 [dʒəːrméiniəm]
gerrymandering	게리맨더링	**제**리맨더링 [dʒérimǽndəriŋ]
glycogen	글리코겐	**글라**이커전 [gláikədʒən]
halogen	할로겐	**핼**러젠/**핼**러전 [hǽlədʒen/hǽlədʒən]
hegemony	헤게모니	히**제**머니 [hidʒéməni]

(단어)	(한국어식 발음)	(실제 영어 발음)
ideology	이데올로기	**아**이디알-러지 [àidiáːlədʒi]
margarine	마가린	**마**-ㄹ저린 [máːrdʒərin]

(참고: 일부 예는 한국어에 처음 들어올 때 독일어를 통해 들어온 관계로 독일어식 발음을 따르기도 한다. 예를 들어 '알레르기'는 독일어의 'Allergie', '이데올로기'는 'Ideologie'에서 온 것이며, '헤게모니'도 독일어 'Hegemonie'에서 온 것으로 볼 수 있다. 과거에는 '에너지'energy를 '에네르기'라고 했는데, 이 역시 독일어 단어 'Energie'의 발음을 따른 것이다.)

③ '[ʤ]'로 발음되는 'j'를 독일어식 발음 '[j]'로 받아들인 오류

영어의 'j'는 통상 '[ʤ]'로 발음되나 성경 등의 번역에서는 독일어의 영향 때문인지 영어의 'y'에 해당하는 소리인 '[j]'로 번역되어 실제 영어 발음과 차이를 보이는 경우가 있다.

단어	한국어식 발음	실제 영어 발음
Jacob	야곱	**제**이컵 [ʤéikəb]
Janus	야누스	**제**이너스 [ʤéinəs]
Jehovah	여호와	지**호**우버 [ʤihóuvə]
Jeremiah	예레미아	**제**러**마**이어 [ʤèrəmáiə]
Jerusalem	예루살렘	저**루**-썰럼 [ʤərúːsələm]
Jordan	요르단	**조**-ㄹ든 [ʤɔ́ːrdn]

④ **모음 뒤의 'r'을 '르'로 읽는 오류**

'hormone'의 'r'처럼 모음 다음에 나오는 'r'(보다 엄밀하게는 음절 말

미에 나오는 'r'로서 이를 영어로는 'postvocalic /r/'이라고 함)은 일반적으로 영국 영어에서는 발음하지 않으나, 미국 영어에서는 이를 앞 모음에 실어 혀를 꼬부리며 발음한다. 이 'postvocalic /r/'을 '호르몬'의 경우처럼 한국어에서 '르'로 받아들인 경우가 있는데 이런 한국어식 발음을 실제 영어에서도 사용하는 사람이 있다.

단어	한국어식 발음	실제 영어 발음
catharsis	카타르시스	**커씨**-ㄹ씨스 [kəθáːrsis]
cork	코르크	**코**-ㄹ크 [kɔːrk]
formalin	포르말린	**포**-ㄹ멀린 [fɔ́ːrməlin]
hormone	호르몬	**호**-ㄹ모운 [hɔ́ːrmoun]
Morse	모르스	**모**-ㄹ스 [mɔːrs]
MERS	메르스	**머**-ㄹ스 [məːrs]
Mormon	모르몬	**모**-ㄹ먼 [mɔ́ːrmən]
morphine	모르핀	**모**-ㄹ휜- [mɔ́ːrfiːn]
mortar	모르타르	**모**-ㄹ터러/**모**-ㄹ더ㄹ [mɔ́ːrtər]
narcissism	나르시시즘	**나**-ㄹ씨씨슴 [náːrsisizəm]
orgasm	오르가즘	**오**-ㄹ개슴 [ɔ́ːrgæzəm]
tuberculin	투베르쿨린	**튜버**-ㄹ큘린 [tjubɔ́ːrkjulin]
yogurt	요구르트	**요**우거ㄹ트 [jóugərt]

⑤ '[s]'로 발음되는 영어 철자 's'를 'ㅈ'으로 잘못 받아들인 오류

'close-up'을 한국어에서는 '클로즈업'이라고 한다. 'close-up'에서 'close'는 '가까이'라는 뜻이므로 '[s]'로 발음되어야 하나 'ㅈ'으로 잘못 들어와 있는 것이다. 이런 종류의 오류를 보이는 영어 단어들에는 다음과 같은 것들이 있다.

단어	한국어식 발음	실제 영어 발음
basic	베이직	**베**이씩 [béisik]
casino	카지노	커**씨**-노우 [kəsí:nou]
close-up	클로즈업	**클로**우썹 [klóus ʌp]
Sisyphus	시지프스	**씨**씨퍼스 [sísifəs]

(참고 1: 'cosmos'의 첫 번째 's'의 경우는 이와 반대의 양상을 보인다. 'cosmos'
의 실제 발음은 '**카**-스머스'[kɑ́:zməs]이므로 첫 번째 's'의 발음이 '[z]'이나 한국
어에는 '코스모스', 즉 'ㅅ'으로 들어와 있다. 'cleansing'의 경우도 흔히 '클린싱'으
로 발음되나 실제 발음은 '[klénziŋ]', 즉 '**클렌**싱'이며, '카리스마'로 표기되는
'charisma'의 실제 발음은 '[kərízmə]', 즉 '커**리**스머'이다.
참고 2: 흔히 '시온'이라고 하는 'Zion'의 영어 발음은 '[záiən]', 즉 '**자**이언'이다.)

⑥ '[θ]'로 발음되는 'th'를 'ㅌ'으로 발음하는 오류

'[θ]'나 '[ð]' 발음에 해당하는 한국어 소리가 없기 때문에 이들을
한국인이 'ㅆ'이나 'ㄸ' 등으로 대체하여 발음하는 오류는 대단히 흔하
게 발견된다. 그런데 한국어에 들어온 외래어 중에는 영어의 'th' 소리
를 'ㅌ'으로 받아들인 것들도 있는데 다음은 그러한 예이다 (이를 그리
스어 발음을 따른 것으로 볼 수도 있기는 하다).

단어	한국어식 발음	실제 영어 발음
Athens	아테네	**애**씬스 [ǽθinz]
catharsis	카타르시스	커**싸**-ㄹ씨스 [kəθɑ́:rsis]
ether	에테르	**이**-써ㄹ [í:θər]

(단어)	(한국어식 발음)	(실제 영어 발음)
marathon	마라톤	**매**러**썬** [mǽrəθən]
naphtha	나프타	**내**쯔**써** [nǽfθə]
naphthalene	나프탈렌	**내**쯔**썰**린- [nǽfθəliːn]
pathos	파토스	**페**이**싸** -스 [péiθɑːs]
Pythagoras	피타고라스	퍼**쌔**거러스/파이**쌔**거러스 [pəθǽgərəs/paiθǽgərəs]

⑦ '[θ]'로 발음되는 'th'를 'ㄷ'으로 발음하는 오류

단어	한국어식 발음	실제 영어 발음
Arthur	아더	**아**-ㄹ**써**ㄹ [áːrθər]
Leviathan	리바이어던/레비아단	러**봐**이어**썬** [ləváiəθən]
mammoth	매머드/맘모스	**매**머**쓰** [mǽməθ]

⑧ '[θ]'로 발음되는 'th'를 'ㅅ'으로 발음하는 오류

단어	한국어식 발음	실제 영어 발음
Northumbria	노섬브리아	노-ㄹ**썸**브리어 [nɔːrθʌ́mbriə]
Plymouth	플리머스	**플리**머**쓰** [plíməθ]

(참고: 'Plymouth'를 '플리머드'로 표기하기도 한다.)

⑨ '[ð]'로 발음되는 'th'를 'ㅅ'으로 발음하는 오류

단어	한국어식 발음	실제 영어 발음
smooth	스무스	스무-ㄸ [smuːð]

⑩ 'p/t/k'를 'ㅂ/ㄷ/ㄱ'으로 받아들인 오류

  '잠바'에 해당하는 영어 단어는 'jumper'이다. 영어의 'p'는 일반적으로 한국어의 'ㅍ'에 해당하는 소리나 'jumper'의 경우는 'ㅍ'이 아니라 'ㅂ'으로 들어와 있는데, 이는 일본어의 영향으로 보인다. 'p'뿐만 아니라 't'나 'k'의 경우에도 'ㅌ/ㅋ'이 아닌 'ㄷ/ㄱ'으로 받아들인 예가 보인다.

단어	한국어식/일본어식 발음	실제 영어 발음
bumper	밤바	**범**퍼ㄹ [bʌ́mpər]
jumper	잠바	**점**퍼ㄹ [dʒʌ́mpər]
trans(former)	도란스	**트랜스** [træns-]
trump	도람푸	**트럼프** [trʌmp]
Canaan	가나안	**케**이넌 [kéinən]
Calvary	갈보리	**캘**버리 [kǽlvəri]
cardigan	가디간	**카**-ㄹ디건 [káːrdigən]
Catholic	가톨릭	**캐**썰릭 [kǽθəlik]
corduroy	골뎅	**코**-ㄹ더로이/**코**-ㄹ듀로이 [kɔ́ːrdərəi/kɔ́ːrdjurəi]

⑪ **발음되는 자음을 탈락시키고 받아들인 오류**

다음에서 보는 것처럼 실제 영어에서 발음되는 자음을 탈락시키고
받아들이기도 한다.

단어	한국어식 발음	실제 영어 발음
alcohol	알콜	**앨**커홀- [ǽlkəhɔ:l]
humor	유머	**휴**-머ㄹ [hjú:mər]

⑫ **발음되지 않는 자음을 발음되는 것으로 받아들인 오류**

⑪의 경우와는 반대로 다음은 발음되지 않는 자음을 발음되는 것
으로 잘못 받아들인 예이다.

단어	한국어식 발음	실제 영어 발음
Arkansas	아칸사스	**아**-컨싸 [á:rkənsɑ]
hanger	행거	**행**어ㄹ [hǽŋər]
iron	아이롱	**아**이언 [áiərn]
nihilism	니힐리즘	**나**이얼리슴 [náiəlizəm]
singer	싱거	**씽**어ㄹ [síŋər]

6.3. 한국어식 소리 법칙을 적용하여 받아들인 오류

한국어에서는 '같이', '굳이' 등이 '가치', '구지' 등으로 발음되는 것
에서 보듯이 'ㅌ'이나 'ㄷ' 받침이 '이' 모음 앞에서는 'ㅊ'이나 'ㅈ'으로

발음된다. 이 현상을 구개음화라고 부르는데, 이를 외래어에도 적용하는 경우가 있다. 다음은 그 예이다.

한국어식 구개음화 법칙을 외래어에도 적용시킨 예

단어	한국어식 발음	실제 영어 발음
centimeter	센치미터	**쎄**너**미**-더ㄹ [sén(t)əmiːrər]
partisan	빨치산	**파**-ㄹ더선/**파**-ㄹ디쌘 [pɑ́ːrrəzən/pɑ́ːrrizæ̀n]
sentimental	센치멘탈	**쎄**너**메**널 [sèn(t)əmén(t)əl]

6.4. 영어 외의 외래어의 영향

한국어에 들어온 외래어 중에는 영어 외의 다른 외국어, 즉 독일어나 프랑스어 등으로부터 들어온 것들도 있다. 이들을 한국어에서는 실제 그 단어가 들어온 원래 언어의 발음을 따라 표기하는 원칙을 가지고 있으나, 영어에는 그런 원칙이 없다. 따라서 이런 단어들을 영어로 발음할 때는 주의가 필요하다. 다음은 그 예이다.

영어 외의 외국어에서 유입된 외래어의 예

단어	한국어식 발음	실제 영어 발음
Bach	바흐/바하	**박**- [bɑːk]
Beethoven	베토벤	**베**이**토**우븐 [béitòuvən]
Berlin	베를린	벌ㄹ**린** [bərlín]
buffet	뷔페	버**풰**이 [bəféi]
Eiffel	에펠	**아**이플 [áifəl]

(단어)	(한국어식 발음)	(실제 영어 발음)
Einstein	아인슈타인	**아**인스타인 [áinstain]
Gogh	고흐/고호	**고**우 [góu]
nuance	뉘앙스	**누**-안-스 [núːɑːns]
Pierre Cardin	피에르 가르뎅	**피**-에르 카-ㄹ**댄** [píːer kɑːrdǽn]
		피**에**어ㄹ 카-ㄹ**댄** [piéər kɑːrdǽn]
Zurich	쮜리히	**수**릭 [zúrik]

　이제까지 단순 외래어 표기법 수준을 넘어 영어 발음을 최대한 정확하게 한글로 표기하기 위한 방안을 모색해 보았다. 이를 좀 더 확대하면 영어 외의 다른 외국어 발음까지 최대한 정확하게 한글로 표기하는 방안을 마련할 수 있을 것이다. 이는 기본적으로 한글을 발음기호로도 사용함을 뜻하는데, 이는 세종대왕께서 훈민정음을 창제하실 때 염두에 두셨던 것이며, 조선시대 외국어 교육기관인 사역원에서 실제로 사용하던 방법이다. 따라서 이러한 시도는 우리의 전통을 오늘날 되살려 쓰는 셈이라고 할 수 있을 뿐 아니라, 세종대왕께서 염두에 두신 일을 오늘날 계승하고 확장시키는 셈이 된다고 할 수 있을 것이다.

우리 나랏글은 한글이다

영어로 범벅이 되어 있는 우리 사회를 생각하면 착잡한 마음이 든다. 영어는 외국어이며 로마자는 외국 문자이다. 우리에게는 나랏말인 한국어, 그리고 나랏글인 한글이 있다. 이 엄연한 사실을 외국인들이 실감할 수 있도록 해야 한다. 따라서 외국인들이 한국에 첫발을 디딜 때, 그들의 눈에 한글이 강하게 비치도록 해야 한다. 지금처럼 영어로 뒤덮인 간판이 비치게 해서는 안 된다.

우리는 한국어 속에 영어를 무분별하게 섞어 쓰는 일을 멈추고, 한국 어를 할 때는 제대로 된 한국어를, 또 영어를 할 때는 제대로 된 영어 를 할 수 있도록 해야 한다. 지금처럼 부스러기 영어가 일상적으로 남 발되고 일각에서나마 보그체 같은 기형적 글쓰기가 통용되게 해서는 안 된다. 도처에 영어 간판이 범람하게 해서는 안 된다.

이를 위해 가능하다면 우리 헌법을 고쳐 제1조에 우리의 말은 한국 어, 우리의 글자는 한글임을 명시하도록 했으면 좋겠다. 그리고 이 조 항은 절대로 고칠 수 없도록 명문화했으면 좋겠다.

다음은 이런 내 마음을 담은 시이다.

대한민국 수정헌법 제1조 | 한학성

헌법 제1조를 다시 씁니다

대한민국의 나랏글은 한글

나랏말은 한국어라고

입말 손말 얼말 한국어라고

대한민국의 국체는 바꿀 수 있어도

이 조항은 손댈 수 없습니다

절대로 손댈 수 없습니다

참고문헌

국립국어연구원 (1998)『외래어 표기 용례집』(정부언론외래어심의공동위원회 제1차~제25차 결정).

국립국어연구원 (2002)『외래어 표기 용례집-인명』.

김세중 (1990) "외래어 표기의 변천과 실태", 국어연구소 발행『국어생활』제23호, pp. 112~130.

김충배 (1978) "우리말 로마자 표기 문제",『언어』제3권 제2호, pp. 71~85.

박창원, 김수현 (2004) "외래어 표기 양상의 변천", 국립국어원 발행『새국어생활』제14권 제2호, pp. 59~102.

배재덕 (2009) "국어 로마자 표기법에 나타난 문제점과 개선 방안", 부경대 동북아시아문화학회 발행『동북아문화연구』제21집, pp. 129~146.

이기룡 (1911)『중등영문전』, 보급서관 (1983년 탑출판사에서 역대한국문법대계 제2부 제29책으로 영인 간행).

윤치호 (1911)『영어문법첩경』, 동양서원 (1983년 탑출판사에서 역대한국문법대계 제2부 제29책으로 영인 간행).

저자 미상 (1923)『최신 실용 영어독습』, 박문서관 (1983년 탑출판사에서 역대 한국문법대계 제2부 제58책으로 영인 간행).

파리외방전교회 조선 선교단 (1880)『한불ᄌ뎐』(Dictionnaire Coreén-Français), C. Lévy, Imprimeur-Libraire.

한학성 (2001)『한국인을 위한 영어발음 교과서』, 테스트뱅크.

한학성 (2009) "우리나라 외국어교육의 전통과 19세기말 유럽의 개혁교수법", 고려대학교 민족문화연구원 발행『민족문화연구』제51집, pp. 495~524.

한학성 (2010) "이기룡의『중등영문전』: 한국인 최초의 영문법 저술 고찰", 한국외대 언어연구소 발행『언어와 언어학』제49집, pp. 303~324.

한학성 (2011) "윤치호의『영어문법첩경』고찰", 한국외대 언어연구소 발행『언어와 언어학』제53집, pp. 161~194.

한학성 (2012)『좋은 것은 다 숨어 있다』(시집), 태학사.

한학성 (2016)『영어 그 안과 밖』, 채륜.

한학성 (2017)『영어 구두점의 문법』(깁고 더한 판), 태학사.

한학성 (2018)『성경과 영어』, 채륜.

Allen, Horace N. (1901) *A Chronological Index*, 출판사 미상.

Bishop, Isabella Bird (1898) *Korea and Her Neighbors*, Fleming H. Revell Company.

Gale, James S. (1897) 『한영ㅈ뎐』(*A Korean-English Dictionary*), Kelly and Walsh.

Gale, James S. (1898) *Korean Sketches*, Fleming H. Revell Company.

Gale, James S. (1912) *The Korean Alphabet*, Transactions of the Korea Branch of the Royal Asiatic Society Vol, 4, Part 1.

Gilmore, George W. (1892) *Korea from Its Capital*, Presbyterian Board of Publication and Sabbath-School Work.

Griffith, William E. (1894) *Corea, the Hermit Nation*, 4th edition, Charles Scribner's Sons.

Hamilton, Angus (1904) *Korea*, Charles Scribner's Sons.

Hodge, John W. (1902) *Corean Words and Phrases*, second edition, The Seoul Press—Hodge & Co.

Hulbert, Homer B. (1905) *The History of Korea* (in two volumes), The Methodist Publishing House.

Lowell, Percival (1886) *Chosön: The Land of the Morning Calm*, Ticknor and Company.

Medhurst, Walter Henry (1835) 『조선위국자휘』 (1978년 홍문각 영인 간행).

Ross, John (1877) *Corean Primer*, American Presbyterian Mission Press.

Ross, John (1891) *History of Corea*, Elliot Stock.

Scott, James (1893) *A Corean Manual or Phrase Book*, second edition, English Church Mission Press.

Underwood, Horace Grant (1890) 『한영ㅈ뎐』, Kelly & Walsh.

Underwood, Horace Grant (1914) 『션영문법』(鮮英文法, *An Introduction to the Korean Spoken Language*), The MacMillan Company.

찾아보기

우리 말글살이와 영어 표기

1판 1쇄 펴낸날 2019년 9월 20일

지은이 한학성

펴낸이 서채윤 펴낸곳 채륜
책만듦이 김미정 책꾸밈이 이민현

등록 2007년 6월 25일(제2009-11호)
주소 서울시 광진구 자양로 214, 2층(구의동)
대표전화 1811.1488 팩스 02.6442.9442
E-mail book@chaeryun.com Homepage www.chaeryun.com

책값은 뒤표지에 있습니다.
ISBN 979-11-90131-00-1 93700

이 도서의 국립중앙도서관 출판예정도서목록은 서지정보유통지원시스템 홈페이지(http://seoji.nl.go.
kr)와 국가자료공동목록시스템(http://www.nl.go.kr/kolisnet)에서 이용하실 수 있습니다. (CIP제어
번호 : CIP2019032976)

채륜, 채륜서, 앤길, 띠움은 한 울타리에서 성장합니다.
물과 햇빛이 되어주시면 편하게 쉴 수 있는 그늘을 만들어 드리겠습니다.